GÜTERSLOHER
VERLAGSHAUS

Hermann Häring

Versuchung Fundamentalismus

Glaube und Vernunft in einer
säkularen Gesellschaft

Gütersloher Verlagshaus

Bibliografische Information der Deutschen Nationalbibliothek

Die Deutsche Nationalbibliothek verzeichnet diese Publikation in der Deutschen Nationalbibliografie; detaillierte bibliografische Daten sind im Internet über https://portal.dnb.de abrufbar.

FSC
www.fsc.org
MIX
Papier aus verantwortungsvollen Quellen
FSC® C014889

Verlagsgruppe Random House FSC-DEU-0100
Das für dieses Buch verwendete FSC®-zertifizierte Papier *Munken Premium Cream* liefert Arctic Paper Munkedals AB, Schweden.

1. Auflage

Coverfoto: Dome in St. Peter's Basilica,
© Michael S. Yamashita / CORBIS
Druck und Einband: Friedrich Pustet GmbH & Co. KG, Regensburg
Printed in Germany
ISBN 978-3-579-06637-0
www.gtvh.de

Inhalt

Vorwort

Dieses Buch habe ich als Streitschrift konzipiert. Es hat den aktuellen Zustand der römisch-katholischen Kirche im Auge. Nach dem Rücktritt von Benedikt XVI. ist es aktueller denn je. Es ist meine Kirche, für deren Erneuerung ich auch hier eintrete. Dabei möchte ich die aktuelle Kritik, die in vielen Veröffentlichungen zu finden ist, vertiefen. Meine These lautet, dass Rom unter Benedikt XVI. der Versuchung des Fundamentalismus erlegen war, die dort schon auf eine Tradition von einhundertfünfzig Jahren zurückblicken kann. Ich möchte den Wurzeln dieser Verfälschung nachgehen und die Parallelen mit dem protestantischen Fundamentalismus beleuchten. Schließlich verweise ich auf einige Beziehungen zum gewalttätigen, in seiner Weise skrupellosen und brutalen Fundamentalismus, über den uns die Medien täglich informieren. In ihrer Tiefenstruktur sind die Zusammenhänge erschreckend, und der christliche Fundamentalismus kann sich nicht aus der Verantwortung stehlen.

Dieses Buch hat seine Grenzen. Erstens konzentriert es sich auf den Katholizismus römischer Prägung. Mir ist bewusst, dass ich damit einen nur kleinen Ausschnitt des umfassenden Problems ins Visier nehme. Zweitens bezieht es sich kaum auf die unverzichtbare Fachliteratur, taugt also nicht für eine differenzierte wissenschaftliche Auseinandersetzung. Dabei betone ich ausdrücklich, wie viel ich von den Kennerinnen und Kennern der Materie gelernt habe. Ich hoffe auf eine Gelegenheit, dies auch öffentlich zu dokumentieren. Drittens hängen den Ausführungen in Teilen noch die Spuren eines Referates an, das ich im März 2012 vor den Delegierten der Reformbewegung »Wir sind Kirche« halten konnte. Dieses Referat ist in der Gelben Reihe dieser Vereinigung erschienen. Ich danke dafür, dass ich für diese weitere Veröffentlichung darauf zurückgreifen konnte.

Schließlich danke ich dem Gütersloher Verlagshaus, in erster Linie Thomas Schmitz für seine Initiative und Ermutigung, ohne die dieses Buch nicht zustande gekommen wäre. Ein letzter Dank gilt meinem Sohn Markus, der das fertige Manuskript in einem Augenblick letzter Verzweiflung dem Orkus einer verwirrten Festplatte entrissen hat.

Tübingen, im Februar 2013 *Hermann Häring*

Hinführung

Diese Streitschrift ist gegen keine Person oder Glaubensgemeinschaft gerichtet. Ich schreibe als katholischer Christ und halte die christliche Botschaft für wichtiger denn je. Aber in großem Stil wird sie traditionalistisch verfälscht und für engstirnige Interessen missbraucht. Von diesem Vorwurf nehme ich den römisch-katholischen Kirchenapparat nicht aus. Vor einigen Monaten unterstellte der Kardinal von München, Reinhard Marx, reformorientierten Kritikern, sie verwechselten die Kirche mit einem Fußballclub, deshalb verstünden sie das kirchliche Regime nicht mehr. Dabei hat er Akteure und Adressaten verwechselt. Es sind nämlich die Kirchenleitungen, die an ihre eigentliche Aufgabe zu erinnern sind. Natürlich steht es »jedermann frei, mir zu widersprechen«, wie ein berühmter Autor kürzlich erklärte, denn eine jede Kritik enthält Elemente der Übertreibung und Einseitigkeit. Aber der Widerspruch sollte Argumente beinhalten, die das formulierte Problem wenigstens anerkennen.

Kirchenkritik kann vielfältig sein: systematisch erarbeitet oder tagesbezogen, humanwissenschaftlich oder speziell theologisch orientiert, Spiegel der unübersehbaren Fülle von Einzelproblemen oder auf eine Zentralfrage orientiert. Ich versuche, die Kirche in eine weltweit bedrohliche Bewegung einzuordnen, die meist als »fundamentalistisch« charakterisiert wird und von Gewalt gekennzeichnet ist. Genauere Begriffsklärungen werden noch zu leisten sein. Es geht um eine Gefahr, von der inzwischen die prophetisch-monotheistischen, aber auch die indischen Religionen zugleich infiziert und bedroht sind.

Im Zentrum der Überlegungen steht der ideologische und mentale Zustand christlicher Glaubensgemeinschaften. Das mag erstaunen, denn der Westen preist das Christentum gerne als Religion der gewaltlosen Liebe und vergisst, dass der Fundamentalismus ausgerechnet im Christentum seine Ursprünge hat. Seit etwa hundert Jahren sind Begriff und Kernimpuls in der Welt, seit etwa vierzig Jahren wird er stark von seinen aktuellen politischen Kontexten besetzt. In politisch labilen Ländern identifizieren sich breite Bevölkerungsschichten mit einer gewalttätigen Version ihres Glaubens, einem explosiven Amalgam von massiven politischen und sozialen, ethnischen und religiösen Interessen, die immer mehr zum Terrorismus neigen. In westlichen, den sogenannten christlichen Ländern wächst die Neigung, auf Gewalt prinzipiell und offensiv mit Gewalt zu antworten.

Für das Aufkommen des Fundamentalismus gibt es vielfältige Gründe und hinter dem Begriff steckt eine differenziertere Wirklichkeit. Zunächst tritt er als Reaktion auf die Moderne mit ihren kulturellen Differenzierungen auf und widersetzt sich umso intensiver gesellschaftspolitischen Entwicklungen, als die betroffenen Länder sich der Definitionshoheit von Religionen entziehen. Religionen versuchen sich zu behaupten, indem sie sich von neuen Selbstverständlichkeiten distanzieren. Deutlich erkennen lassen sich solche Phänomene etwa im *bible belt* der USA, ganz anders in den aggressiven und expansiven Verhaltensweisen der *Al-Qaida* oder bei muslimisch-nigerianischen Freiheitsbewegungen, am politischen Streit der Sikhs in Indien oder bei hinduistischen Befreiungsbewegungen, die Indien (einschließlich Pakistan, Bangladesh, Birma und benachbarte Gebiete) zu einem neuen und reinen Großindien erneuern wollen. Man kann aber auch bei hochkonservativen, »ultra-orthodox« genannten jüdischen Bürgern im Stadtteil *Mea-Shearim* oder bei der zeitgenössischen Siedlungsbewegung von Juden im palästinensischen Hoheitsgebiet in die Lehre gehen. Zu nennen sind schließlich erzkonservative Strömungen, die von Benedikt XVI. stark gefördert wurden. Wurde der Fundamentalismus nicht zu einer Grundhaltung der offiziellen römisch-katholischen Kirchenlehre und Kirchenpraxis? Was also sind des Kaisers wahre Kleider? Natürlich wird da keiner primitiven Gewaltideologie gehuldigt. Aber es fragt sich, wo und in welcher Intensität sich die Anteile von Gewalt und Intoleranz, von elitär missionarischem Bewusstsein und von Gesprächsverweigerung in diesem System verstecken.

Doch bringt uns Gewaltkritik allein nicht weiter, denn solche Auswüchse lehnen wir in der Regel ab und zur Selbstkritik bieten sie nur bedingten Anlass. Es gilt also tiefer zu graben und die Frage zu stellen, wo die Wurzeln religiöser Gewalt liegen. Warum lassen sich ausgerechnet die Religionen der Liebe, der Gerechtigkeit und der allgemeinen göttlichen Gegenwart für solchen Fundamentalismus einnehmen und missbrauchen? Worin liegt ihre geheime Verwandtschaft, was haben sie in ihrem Kern mit Religion zu tun und wo beginnt die schiefe Bahn, auf die die ethisch anspruchsvollen, zur Universalisierung fähigen Religionen geraten können und in massiver Weise geraten?

Es geht also um die verborgenen Wurzeln, um die unmerklich entstehenden Verhärtungen und Verkrustungen, aus denen sich die neuzeitlichen Bedingungen des Fundamentalismus entwickeln. Ich nenne hier schon zwei Gesichtspunkte, die solche Entwicklungen überhaupt ermöglichen.

Fundamentalismus hat immer mit der Verweigerung von Gespräch und Beziehungen zu tun; aus ihr erwachsen Autoritarismus, Verhärtung und wenigstens die Neigung zu Gewalt sowie die Unfähigkeit, Wettstreit und Konkurrenzen zu ertragen. Diese Grundhaltung geht allerdings in das Grundverhalten von Gemeinschaften ein und bestimmt deren Grundgestalt. Daraus folgt:

Fundamentalismus hat immer mit der Institutionalisierung von Sinn- und Lebensfragen zu tun. Nehmen wir einen kleinen Ritus, ein kurzes Gebet oder eine Bekenntnisformel: Eine jede Institution, und sei sie nur als Ausruf, als Frage oder als Problemanzeige entwickelt, bietet sich der nachfolgenden Generation schon als orientierende Antwort an, obwohl sie ursprünglich nur eine Situation erträglich, eine Begegnung festlich, ein Ereignis begehbar und besprechbar macht. So neigen komplexe Institutionen, die eine Lebenswelt durchdringen, zur Verselbstständigung. Aus Symbolen und Symbolisierungen werden Lehrsätze, aus der Autorität von Weisheit werden Ämter, aus sinnvollen Gewohnheiten wird ein göttliches Gesetz. Aus dieser Verselbstständigung kann Fundamentalismus erwachsen.

Schließlich ist nicht zu vergessen: Eine kreativ vollzogene Religiosität, in der Menschen ein weltumgreifendes unverfügbares Geheimnis mit Hingabe erkennen und ausagieren, kann nur im Ausnahmefall zum Dauerzustand werden. Deshalb fallen wir im Regelfall immer wieder auf Riten und Lehren, auf Alltagssitten und Erlerntes zurück. Wollen wir sie wirklich besitzen, müssen und können wir sie (wie bekannt) neu erwerben. Sofern ein kultureller Kontext stabil bleibt, inspirieren sie zur neuen Entdeckung von Sinn. Doch ist diese virtuelle Religiosität, wie sie bei Anhängern einer Religion eingeübt wird, nie zu verwechseln mit den Vollzügen, also dem immer neuen Ereignis selbst. Die institutionalisierten Codes bleiben ein Angebot, während Religionen sie gerne als fertige Antwort präsentieren. Doch diese Institutionen, und wäre es auch die katholische Kirche, sind weder Religion noch Religiosität oder der Glaube selbst. Der Katholizismus hat diesen Selbstvorbehalt seit der Reformation aus gesellschaftspolitischen Gründen schuldhaft vernachlässigt.

Das alles vorausgesetzt, kennen die Institutionen-freundlichen und selbst hochinstitutionalisierten Religionen vier Räume, in denen sie ihre Dienste entfalten, ihre Erfolge erzielen, aber auch immer zur Selbstherrlichkeit verführt werden. Dies geschieht dann, wenn sie sich an die Stelle des individuellen oder kollektiven Glaubensereignisses selbst setzen. Wie sich an Beispielen aus der christlichen Tradition illustrieren lässt, gibt es dafür folgende religiös konstitutive Räume:

1. Erinnerung an eine bleibende *Vergangenheit* (man denke an den großen »Beginn« der Weltschöpfung);
2. Bereitstellung von festgefügten *Erzählungen*, Bekenntnissen und Symbolen, die einer Religion ihre Identität verleihen (man denke an die Evangelien, insbesondere die gefährliche Erinnerung an Jesu Tod und Auferstehung und an das Apostolische Glaubensbekenntnis);
3. Exemplarische Einübung in die Erfahrung des *Heiligen* (man denke an Gottesdienste oder Sakramente wie Taufe und Eucharistie);
4. *Einordnung* in eine umfassende und ehrfurchtgebietende Ordnung von Werten und einer zu bewahrenden Schöpfung (man denke an die Goldene Regel, den Dekalog, das Gebot der Liebe, der Gerechtigkeit und des Friedens, die Einordnung in die Vorgaben der Natur).

Nun ist, um es salopp zu sagen, keine Religion besser als die Menschen, die sie vertreten. Aus religiöser Innenperspektive ausgedrückt: Religionen bieten oft komplizierte institutionelle Gebäude (Erinnerungen, Sprachhandlungen, Ordnungsmodelle und Annäherungen an das Heilige), in denen sich Menschen einrichten, um in ihnen zu arbeiten und ihre Welt zu gestalten. Diese Räume wirken als Angebot, das die Atmosphäre bestimmt und mit ihren Bewohnern in Interaktion tritt. Die einen lassen sich zu neuer Kreativität stimulieren, die anderen sich beruhigen; manche laufen zu humaner, religiöser oder prophetischer Hochform auf, andere richten sich bequem ein als Nutznießer all dieser Tröstungen. Zunächst sei dies ohne Wertung gesagt, denn warum sollen nicht die Unterforderten sinnvolle Orientierungen suchen zu Reflexion, Handeln oder ästhetischer Gestaltung? Oder warum sollen Überanstrengte und zuinnerst Verletzte nicht Ruhe und Trost finden?

Ferner wissen wir, dass diese Schattierungen im Verhalten immer auch vom kulturellen Gesamtzustand einer Gesellschaft abhängen. Sie kann in sich ausgeruht sein und deshalb ihr Gleichgewicht genießen. Sie kann aber auch aus den Fugen geraten und deshalb entschiedenes Handeln, moralischen Rigorismus und neue Maßstäbe fordern. Dies gilt unabhängig davon, ob eine Kultur kalt oder »heiß«, mehr statisch oder dynamisch orientiert ist, mehr aus ihrer Vergangenheit oder auf ihre Zukunft hin lebt.

Es verwundert nicht, wenn wir in diesem *komplexen Gefüge* der Gesamtbedingungen normalerweise die Institutionen als sinnvoll erfahren und den kulturellen Rahmen mit der Sache selbst verwechseln, denn Institutionen reduzieren Komplexität. Sie versprechen Stabilität und Kontinuität, strahlen ihren Eigenwert aus und verschieben die Akzente unmerklich von der Suche zur Genügsamkeit. Verantwortung und Eigeninitiative werden delegiert und die Institutionen bieten sich an. Der Glaubenseifer nähert sich der Glaubensgewohnheit, die Glaubensgemeinschaft einem Verein, das Vertrauenspotential des Glaubens einer Versicherungsgesellschaft gegen ihn. Dies ist der Augenblick, an dem sich die Kirchenleitungen, ihnen allen voran der Bischof von Rom, als die befugten Interpreten der Wahrheit anbieten. Es kommt, wenn man so will, zu Infektionen der Selbstherrlichkeit und der Machtbesessenheit, die in allen Religionen auftreten können. Deren Erreger arbeiten immer in uns und begleiten uns beständig. Ich habe den Eindruck, dass sie sich im Violett katholischer Bischöfe und im Zinnoberrot der Kardinäle besonders wohl und resistent fühlen. Zur Katastrophenstimmung besteht aber kein Anlass, denn ein gesunder Organismus weiß auch Immunstoffe zu produzieren, und das gemeine Kirchenvolk ist seit einiger Zeit damit heftig beschäftigt. Doch zwecks wachsender Immunität sollten wir genauer über die Versuchungen und Infektionen selbst nachdenken. Dies geschieht in sechs Kapiteln zu allgemeinen Fehlorientierungen (I), zum klassischen biblischen Fundamentalismus (II), seiner römischen Sonderform (III) und Tiefenstruktur (IV), zum Problem der Gewalt (V) und der Abhilfe, die uns ein säkulares Denken leisten kann (VI).

I. Allgegenwärtige Fehlorientierungen

Zu den Blockaden der Sinnfindung

1. Nostalgie

Die erste Fehlorientierung lautet Nostalgie, also eine gefühlsgeladene Hinwendung zum Vergangenen. Es ist eine Hochschätzung mit der Tendenz dazu, dieses Vergangene zu idealisieren, sodass sich das Gewesene und die Erinnerung daran verselbstständigen. In diesem Prozess ersetzt der Ausruf: »So war es!« die je aktuelle Normierung: »So sollte es jetzt sein.«

Eine Rückwendung in die Vergangenheit ist *allen Religionen* aus dem indischen Raum eingeschrieben. Ihr Gewicht hat sich deutlich erhöht, denn nahezu alle Kulturen und Gesellschaften wandeln sich in rasantem Tempo und entwickeln distanziertere Verhältnisse zu ihren Religionen. So lebt der Islam, dem wir täglich begegnen, aus einer religiös glorreichen, politisch stolzen und kulturell ungemein reichen Erinnerung, zugleich aus einer wichtigen Erfahrung: In einer Epoche des allgemeinen Glaubensverlustes schafft das unbeugsame Festhalten an den Ursprüngen Widerstandskraft gegen gesellschaftliche Demütigung, politische Unterdrückung und kulturelle Entfremdung. Die Christen Westeuropas blicken – oft mit Wehmut – auf eine volkskirchlich integrierte und religiös »funktionierende« Epoche zurück. Sonntags waren die Kirchen noch gut besucht und von machtvollen Gesängen erfüllt. Katholikinnen und Katholiken erinnern sich an triumphale Prozessionen, die stolzen Fahnen der Jugendverbände und an eine Glaubenslehre, die keine Lebensfrage ohne Antwort ließ. Heute leben

Religionen geradezu definitionsgemäß aus einer je besseren Vergangenheit.

Diese religiöse Grunderfahrung verleitet zum Schluss, die Rückkehr zu früheren Überzeugungen und Forderungen, Praktiken und Gewissheiten brächte Erneuerung und Segen. War in unseren Gemeinden vor vierzig Jahren nicht unendlich viel mehr los? Bot die alte Liturgie nicht einen heilen, rundum stimmigen Kosmos von Erlösung, göttlicher Wahrheit und deren ausgewogener Feier? Gab es nicht viele vorsäkulare oder weniger säkularisierte Epochen, in denen die Seelsorge reibungslos funktionierte, die Klöster gefüllt waren und die Feste den Jahresrhythmus wie selbstverständlich strukturierten? Mag die Geschichtswissenschaft auch anderes berichten, die religiöse Gegenwartserfahrung ist auf Vergangenheit gepolt.

Um den Realitätssinn zu stärken und aus Gründen der Prävention sollten wir uns von Zeit zu Zeit solchen nostalgischen Träumen überlassen, sie aber konsequent zu Ende träumen. Denn unter der Decke des goldenen Scheins erscheinen bald die Probleme einer geschlossenen und repressiven Gesellschaft, für Katholiken auch die stickige Luft der Zeit vor dem 2. Vatikanischen Konzil (1962–65). Es gibt Gründe dafür, dass die Zeit danach in Windeseile zum Verfall der selbstherrlichen Kirchenkultur führte. Ich denke an eine rationalistisch ausgetrocknete Theologie, die wir »neuscholastisch« nannten, und eine unverstandene Liturgie mit dem toten Latein, das den Glauben faktisch ausschloss. Wir treffen auf eine unnahbare Kirchenstruktur, eine unterdrückende und psychologisch katastrophale Beichtpraxis, verstummte Frauen und eine rigide Sexualmoral, die mehr als eine Seele zerstörte. Man lese nur die Analysen von H. Oschwald *Auf der Flucht vor dem Kaplan. Wie uns die Kirche den Glauben aus-*

trieb (2011) oder J. Ratzingers *Bericht über die dritte Konzilssession* (1964). Er spricht von der »Paraliturgie«, die die wahre Liturgie verdeckte, der »Einheit und Starrheit der Zeremonien«, gegen die die Reformation zu Recht eingeschritten sei, und von der »Mauer der Latinität«, ohne die der Gottesdienst »weder als Verkündigung noch als Einladung zum Gebet in Funktion treten kann« (16–22).

Gegen nostalgische Reaktionen ist keine der großen Weltreligionen gefeit, denn sie alle leben aus einer legitimen konstitutiven Geschichte des Anfangs, in dem sie sich geformt haben, der ihnen ihre Kernkriterien liefert und aus dem sie sich immer wieder erneuern. Deshalb beginnt Hans Küng seine Religionsanalysen konsequent mit den Fragen nach dem »Ursprung« und, eng damit verbunden, dem »Zentrum« ihres Glaubens. Man denke an das Leben und die Predigten des Buddha, die an Moses angelehnte Gründungsgeschichte des jüdischen Glaubens, an die Evangelien, die uns Leben, Tod und Auferstehung Jesu in mehreren Facetten vergegenwärtigen, schließlich an Muhammad und den Koran, der als Gottes unmittelbares Wort die unfehlbare Gründungsurkunde des Islam darstellt.

Diese Erinnerungen, die oft in einen Mythos vom reinen Beginn gefasst sind, sind für die *Identität* ihrer Religionen unabdingbar, sonst hätten sie gar nicht beginnen können. Recht verstanden waren es aber keine Zwangsjacken, denn eine jede der großen Religionen kennt in ihrer Frühphase enorme Anpassungsleistungen, höchst vielfältige, flexible, meistens vielschichtige Entwicklungen. Man denke nur daran, wie Paulus mit dem urjüdischen Erbe der christlichen Urbotschaft umging. Es sind Hinweise, mit denen zeitgenössische Christen tastend und mit hohem Respekt, aber auch aktiv verstehend und in gemeinsamer Kreativität umgehen sollten. Tradition,

Kontinuität und kirchliche Einheit leben zwar aus der Vergangenheit, sind aber auf die Zukunft ausgerichtet.

Auch die kirchlich legitimierte, also die »offizielle« Tradition hat sich nicht wie aus Geisterhand oder durch göttliche Intervention entwickelt, sondern ist immer auch *von Menschen gemacht*, oft durch spezielles Interesse vorangetrieben, vielfach stilisiert und durch die Auswahl bestimmter Traditionselemente zustande gekommen. So anerkennt Rom in diesen Tagen nur noch, was römisch akzeptiert oder verordnet ist und sich bruchlos ins römische Kirchenbild und in die römisch verstandene Einheit dieser Kirche einordnen lässt. Seit Jahrhunderten bewahrt die Großinstitution Rom ihre Identität nur dadurch, dass sie all das rigoros ausscheidet, was nicht in ihre Monostruktur passt. In weniger scharfer Form zeigt sich dieser Mechanismus auch in den orthodoxen und anglikanischen Kirchen, in den wohl etablierten Kirchen der Reformation, aber auch in vielen Denominationen, in Frei- und Unabhängigen Kirchen auf allen Kontinenten. Und es ist keine Frage: In ihnen allen gilt das Überkommene und Erlernte, gelten die erfolgreichen Gebräuche, Gebets- und Lebensregeln als hoch geachtet. In weniger organisierten Religionen (etwa im buddhistischen Raum oder den zahlreichen Traditionen Indiens) konnte diese aktive Traditionsbildung kaum greifen, ihre Kontinuität haben sie deshalb nicht verloren.

Damit lehne ich übernommene Leitwerte nicht ab. Im Gegenteil, nichts kann unserer Kultur mehr Stabilität verleihen als eine Hochschätzung ihrer Geschichte. Aber im Blick auf den gegenwärtigen Struktur- und Werteumbruch gilt es, genauer hinzuschauen: Welche Traditionen sind zur leeren, nur noch beruhigenden Gewohnheit verkommen? Welche Werte sind (im Licht der jesuanischen Botschaft der Nächstenliebe, des muslimischen Appells an einen barmherzigen Gott oder der jüdischen Leidenschaft für eine gerechte Gesellschaft) neu herauszuarbeiten und zu aktualisieren? Wie können wir die Wurzeln für das religionsübergreifende, allen gemeinsame Weltethos stärken?

Gewiss, mit seinen nostalgischen Versuchungen steht das Christentum unter den Religionen nicht allein. Man muss nur einmal ein buddhistisches Heiligtum, einen hinduistischen Tempel oder einen Shinto-Schrein besuchen, einen Abend am Ganges in Varanasi, einen Morgen bei der Mönchsspeisung in Bangkok oder einen Tag in einem Reservat nordamerikanischer Indios, etwa der Hopi in der Navajo-Region verbringen. Die Übergänge von der vitalen Ursprungstreue, die man dort überall trifft, zur lähmenden Nostalgie des europäischen Christentums sind oft fließend und in täglicher Arbeit zu klären.

Wir alle, auch die katholischen Reformgruppen sind dagegen nicht gefeit. Inzwischen gilt das auch für den Umgang mit dem 2. Vatikanischen Konzil. Wir sind auf dem besten Weg, dieses Ereignis und die verabschiedeten Dokumente zu einem Mythos hochzustilisieren. Dabei hat es in seinen Texten das *Dilemma* zwischen Tradition und Gegenwart vermutlich nicht überzeugend gelöst. Aber dieses Konzil hat etwas viel Wichtigeres zustande gebracht. Es hat der Kirchengemeinschaft der Getauften einen Geist mitgegeben, der sie zur Erneuerung, zum *aggiornamento*, zum »Sprung nach vorn« (Johannes XXIII.) antreibt. Dass dieses Ziel nicht einfach wird, war vorauszusehen, denn schließlich war eine Blockade von vierhundertfünfzig Jahren beiseite zu räumen. Das musste Widerstände schaffen. Denn zuerst galt es, über konkrete Aktionspläne ein Programm zu finden. Wirklich mühsam wurde das Geschäft, als die beiden vergangenen Päpste in wachsender Entschiedenheit ihrer angestammten, inzwischen verhärteten Nostalgie frönten. Damit untergräbt sie systematisch ihre vom »Volk« eingeforderte Autorität. Denn je rasanter sich unsere Gesellschaft entwickelt, in Neuerungen sich geradezu überschlägt, umso klarer wird die Erkenntnis, dass die so schöne, uns einlullende Nostalgie zum schleichenden Tod dieser Kirche führt, sie zumindest in den Zustand einer zwar großen, aber isolierten Sekte treiben kann.

2. Positivismus der Worte und Sätze

Die zweite Fehlorientierung nenne ich Positivismus der Worte und der Sätze. Wieder rühren wir an eine Dimension, die für Weltreligionen unabdingbar ist. Gleich, ob wir sie prophetisch, weisheitlich oder mystisch nennen, und gleich, ob sie auf die messianische Wiederkunft warten, die ewige Wiedergeburt einüben oder in tiefer Versenkung in das göttliche Ein-und-Alles eingehen – sie alle werden getragen und inspiriert von kostbaren Texten, seien es Erzählungen oder Belehrungen, Bekenntnisse oder Prophetien, Gebete oder mystische Rufe, die wir Gläubige alle lesen und lernen, meditieren und auslegen, uns liturgisch aneignen oder theologisch reflektieren. Daraus ergeben sich erarbeitete oder antrainierte Vorlieben für geheiligte, uns liebgewordene Formeln. Unversehens können sie an die Stelle dessen treten, was sie meinen oder zum Ausdruck bringen. Musterbeispiele dafür sind immer wieder zitierte Stücke aus den Veden oder der buddhistischen Tradition, der Koran oder die großen Glaubensformeln der christlichen Tradition. Gibt es Grenzen dieser Aneignung? Wann schlagen sie um in mechanische Repetition oder in die automatisierte Welt von verselbstständigten Vorstellungen und Projektionen?

Unbestritten ist, dass eine überlieferte Sprache und deren Inhalte Identität verleihen. Sie bilden für Weltreligionen ein unverzichtbares Kernelement. Mit ihnen schafft sich jede Religion ihren eigenen Kosmos von Mythen, Berichten und Bildern. Es entstehen ganze Welten von Wirklichkeitsdeutung sowie einer jenseitigen, auf Vergangenheit und Zukunft gerichteten Imagination. Sie alle transportieren Orte und Erfahrungen, Hoffnungen und Ängste überall dorthin, wo diese Worte aufgeschrieben sind und vorgetragen werden. Man muss nicht mehr leiblich in Jerusalem sein, um diese Stadt zu sehen, nicht bei der Schöpfung der Welt gewesen sein, um sie mitzuerleben. Selbst historische Gestalten und Ereignisse sind immer so dargestellt, dass ihre universale Gegenwart durchsichtig und nachvollziehbar wird. Die erzählte Erinnerung etwa an Jesu Tod und Auferstehung führt zu seiner Gegenwartserfahrung in der sonntäglichen Eucharistie.

Kurz, eine jede Religion ist im *Kosmos ihrer Schriften* abgebildet, erhalten, beliebig verfügbar. Ohne die Thora wäre das Judentum nicht denkbar, ebenso wenig das Christentum ohne die Evangelien, der Islam ohne den Koran, der Buddhismus ohne den Pali-Kanon, die Weisheitsreligion Chinas ohne die Schriften ihrer großen Lehrer. Deshalb werden die zentralen Texte mit höchster Sorgfalt weitergegeben und gehütet, ausgelegt, gegebenenfalls mit wissenschaftlichen Methoden interpretiert und immer wieder vergegenwärtigt. Dies gehört zum Kerngeschäft derer, die dazu besonders ausgebildet und befähigt sind, seien es Mönche oder Nonnen, Prophetinnen oder Propheten, Fachleute einer wissenschaftlich arbeitenden Theologie. Ohne sie wäre eine Weltreligion nicht denkbar.

In allen Religionen sehen wir, dass heilige Texte über Jahrtausende ihre Kraft und ihre Bedeutung behalten können. Dies gilt auch für die biblischen Texte. Nach einer Phase ihrer Entstehung und Gestaltung sind sie bis heute auf Punkt und Komma so geblieben, wie wir sie heute noch lesen können. Zwar gingen sie mit Aufklärung, Geschichts- und Sprachforschung, schließlich mit der periodisch erneuerten Religionskritik durch früher unerhörte Fragefeuer und Interpretationswellen. Sie führten zu inneren Korrekturen, Differenzierungen und Klarstellungen, die viel Schrecken auslösten. Doch schließlich haben sie sich bewährt, denn allen Kassandrarufen zum Trotz (die bis heute nicht verstummt sind) erhielten ihre Aussagen schärfere Konturen und ihre geistliche Kraft zeigt sich intensiver denn je. Vor allem zeigte sich, wie einseitig die Bibel jahrhundertelang ausgelegt wurde. Dies war nicht falsch, aber eben verengt und von einem platonischen Kontext geleitet. Man suchte rational beschreibende Inhalte, transformierte Poesie in Doktrinen und nahm den Mythen ihre Kraft, indem man sie zu historischen Ereignissen banalisierte. Wir können dem Islam nur wünschen, dass auch er irgendwann durch dieses Reinigungsbad hindurchgeht, das Judentum und Christentum um Jahrhunderte weiterbrachte.

Die Folgerung, die ich daraus ziehe, ist eindeutig: Wir sollten die identitätsbildenden Texte der Religionen nicht einfach als rational beschreibendes Material gleichschalten und plätten, sondern mit allen Mitteln der uns verfügbaren Wissenschaften erschließen und ihre *innere Differenziertheit* und Dynamik entdecken. Das lohnt sich, denn dann erstrahlen plötzlich phantasiereiche und vielfältig handelnde, warnende, ermunternde und stärkende Sprachspiele, die man nicht nur lernen, sondern bibliodramatisch auch leben kann.

Aber das erfordert Kraft und eigenes Engagement. Zwar kann es Unruhe schaffen und anarchische Folgen haben. Aber wiederum zeigt sich, wie es zu gleitenden Übergängen kommt: Wer einen heiligen Text ernst nimmt, kann ihn in innerer Freiheit und lebendig interpretieren, aber auch aus Sorgfaltsgründen genau repetieren. Für beide Wege lassen sich Argumente finden. Auch mutigen InterpretInnen mag es guttun, sich einmal an den nüchternen Wortlaut zu halten. Hingegen ist für sorgsame Vorleser und Nachbeter gelegentlich eine Abkehr von den gewohnten Bahnen wichtig. Gegen den Positivismus ist zwar keiner gefeit, aber man sollte sich seiner Chancen und Gefahren bewusst werden. Dies kann die unbewusste, oft unmerkliche Unterscheidung zwischen Angst und Risikobereitschaft sensibilisieren.

Das hat Folgen für den Umgang mit unserer Lehrtradition. Von dem Modell des Paulus sind wir weit entfernt. Im Gottesdienst von Korinth gab es die Gabe, Weisheit mitzuteilen, Erkenntnis zu vermitteln oder prophetisch zu reden. Andere konnten in Zungen reden (was das auch immer sei), wieder andere konnten ihre Rede deuten, ganz abgesehen von denen, die Kranke heilten (vgl. 1 Kor 15,4-11). Diese Vielfalt können wir uns kaum noch vorstellen. Klar ist nur: In ihrem Enthusiasmus gingen diese Christinnen und Christen frei, spontan und vielfältig ans Werk. Gleichzeitig ergänzten sie einander in gegenseitiger Deutung und Korrektur. Über die römisch-katholische Kirche hat sich dagegen der Raureif einer Verkündigung gelegt, die wohlbemessen, dogmatisch abgesichert und lehramtlich genehm vorgeht. Deshalb sind Frauen für die Normalpredigt nicht zugelassen, von ihnen könnte ja ein beunruhigendes oder ablenkendes Signal ausgehen. Die Angst, vom Positivismus wohldefinierter Sätze abzuweichen, hat zugenommen.

Natürlich gehört diese Kritik zum Standard kirchenreformerischer Rede. Doch sollten wir nicht alle Verkrustung auf die Kirchenleitung und den überängstlichen Papst Benedikt schieben. Die nostalgische Verführung zur Wiederholung und zur Übereinstimmung mit dem, was auch andere sagen, steckt uns allen in den Knochen. Selbst unter den Künstlern der Interpretation mauserten sich viele zu Virtuosen einer Textauslegung, die am Schluss doch wieder auf der verbindlichen Normalbasis landet. Wir alle tun uns schwer damit, definierte Sätze ausdrücklich anzuzweifeln oder offen zu sagen, dass sie/er diese nicht mehr versteht. Vieles an diesem Bedürfnis ist verständlich. Für eine Weltkirche ist die Satzkontinuität immer noch das wichtigste Bindemittel. Das Credo wurde zum Zeichen des kirchlichen Zusammenhalts. Eine kirchenweite gemeinsame Sprachregelung kann von hohem Wert sein, aber uns halten nicht die ausdefinierten Lehrkonstrukte zusammen, die man darauf aufgebaut hat. Viel wichtiger sind die interpretationsoffenen und menschennahen Symbole, die uns mit dem Leben, dem Geschick und der messianischen Zukunft Jesu verbinden. Sie sind weit entfernt vom Positivismus, der uns immer noch lehramtlich aufgezwungen wird und dessen Verführung wir alle ausgesetzt sind. Auch dies ist eine Versuchung, vor der uns nach Jesu Willen Gott nachdrücklich bewahren soll.

3. Verdinglichung und Personalisierung des Heiligen

Die dritte Fehlorientierung setzt bei unserem Umgang mit dem Heiligen an. Religionen sind ohne dessen Erfahrung nicht denkbar. Ihren glühenden Kern bildet das Erschreckende und Faszinierende (R. Otto), das unantastbare und zugleich leidenschaftlich begehrte Tabu. Es wirkt wie eine unaussprechliche und ungreifbare innere Mitte, der ich – trotz aller Zwiespälte – unbedingt vertrauen kann. Man muss nicht religiös sein, um diesem Heiligen zu begegnen. Umgekehrt ist diese Erfahrung für Religion und Religiosität konstitutiv. In ihnen sind religiöse Inbrunst und intensive Verehrung zu Hause. Sie sind präsent, unabhängig von der Frage, wie traditional oder säkular, wie selbstbewusst oder schicksalsergeben ein religiöser Mensch oder die kulturellen Bedingungen sind.

Das gilt auch für eine säkularisierte Epoche und Kultur. Tempel und Kirchen, Altäre und Schreine finden sich auf allen Kontinenten, Gurus und Mystiker, Priester und Propheten werden überall verehrt; an vielen Orten der Natur wird Gottes Geheimnis erfahren. In säkularen Kulturen äußert sich das Göttliche als der große Mangel oder *die große Unterbrechung*. In östlichen Religionen verströmt sich das Heilige in ein unauslotbares, ins All eingelassene Geheimnis. Deshalb kommt es nicht einmal darauf an, das Heilige Gott zu nennen. In der Erfahrung hat es seine eigene Wertigkeit, die in allem sein kann, im anderen Menschen wie in der Natur, in der Sexualität wie in der Schönheit oder – wie gesagt – im Schrecken.

Deshalb kann sich das Heilige gegen seine Benennung und seine Imagination – wenn man so will – nicht wehren. Selektierbare empirische Anhaltspunkte hat es ja nicht. Die prophetischen Religionen haben Gott personalisiert und damit eine äußerst wirksame, auch moralisch relevante Metapher für ihn gewählt. Namentlich der Katholizismus ist stolz darauf, dass er das Heilige mit einer besonderen Sorgfalt umgibt. Er pflegt die Sakramente intensiv, profiliert das Priestertum in besonderer Weise. Die gegenwärtige Kirchenleitung kämpft erneut in geradezu einseitiger Weise für die Erneuerung des Sakramentsgedankens. Selbst die Verehrung des »Allerheiligsten« (d. h. der sakramental geweihten Hostie) in der Monstranz wird in altem Glanz wiederhergestellt. Mehr denn je gilt die Weihe der Amtsträger als das Alleinstellungsmerkmal der katholischen (der römischen, altkatholischen, orthodoxen und anglikanischen) Kirchen. Priesterliche Dienste (Sündenvergebung, Feier der Eucharistie und »Priesterweihe«) sollen zu neuen Ehren gelangen. Vom christlichen Selbstverständnis her ist diese Entwicklung hoch problematisch, aber sie ist zur Kenntnis zu nehmen.

Die ganze Erfahrungsbreite des Heiligen lässt sich hier nicht darstellen. Es ist erhaben und innerlich verpflichtend, unmittelbar nahe und doch ungreifbar. Es unterbricht den Alltag und gibt ihm zugleich seine Tiefe. Es sorgt dafür, dass Gott selbst nicht in menschliche Vorstellungswelten, auch nicht in die einer Person eingeebnet wird. Menschen können es als allgemeines Fluidum oder im Antlitz des Andern wahrnehmen, als ein absolutes Jenseits, zugleich als das Innerste meiner Seele.

Die festliegenden und für uns gewohnten Gottesmetaphern und Gottesbilder prägen zugleich unsere *Vorstellungen vom Göttlichen,* da das Heilige immer auch der Strahl, der Glanz und die Wirkkraft des Göttlichen ist. In diesen Bildern und Vorstellungen liegt auch eine Gefahr. Wir gewöhnen uns an sie, vereinfachen unsere Erfahrungen des Heiligen, das unsere Vorstellungswelt immer überschreitet. Deshalb ist nie zu vergessen, dass die Erfahrung des Heiligen für die Betroffenen immer als Ereignis beginnt, auch wenn es sich (wie oben besprochen) seine Institutionen schafft. Der Ort des Heiligen lässt sich nicht festlegen und es zeichnet die biblische Literatur aus, dass sie dieser Bestimmung immer widerstanden hat. Aus biblischer Sicht sind heilig die mit Gott Verbundenen; das ist geradezu eine tautologische Definition, denn zur Gottverbundenheit kommt nichts hinzu. Der Heilige selbst aber thront in der Höhe und wir wissen heute: Auch dieses »Oben« ist eine Metapher, die immer schon ergänzungs- und korrekturbedürftig ist, denn Gott, dieses Heilige, ist mir »innerlicher als unser Innerstes«, nie greifbar, gegenwärtig nur in allem und nur in seiner Ganzheit.

Hier ruht der Kern aller Nostalgie, die Religionen produzieren und deren Wesen bedrohen. Denn ausgerechnet religiöse Menschen entwickeln das Bedürfnis, dem Heiligen (so ungreifbar es auch ist) konkrete Orte und Namen zu geben, Stellvertreter und Vermittler zu benennen. Religionen suchen Gottes Abbild in Pflanzen, Tieren oder Menschen. Schließlich versuchen sie, das Heilige in religiösen Handlungen nicht nur erfahrbar zu machen, sondern auch zu institutionalisieren, in ihnen zu verdinglichen, d. h. zum greifbaren Ding zu machen.

Hier rühren wir an eine *Bruchlinie*, die auch quer durch die katholische Kirche geht. Denn niemand, der sich in ihr als religiös begreift, will die Würde des Heiligen angreifen und mancher hat diese Kirche oder andere Religionsgemeinschaften nur deshalb verlassen, weil er die Würde des Heiligen in ihr beschädigt sieht. In jedem Fall ging ein Konsens über das Heilige verloren, der Kulturen durch Jahrtausende zusammenhielt. Allgemein wird von einer Gotteskrise gesprochen.

Ich sehe einen Grund darin, dass das traditionelle Christentum Gott immer weniger als Geheimnis begreift. Erneut stoßen wir auf den (schwer besprechbaren) Zwiespalt zwischen einem Symbolgebrauch, der Gott in diese Benennung einschließt, und einem Symbolgebrauch, der dieses

Geheimnis öffnet und vor einer Fixierung bewahrt. Es geht um höchst sensible Akzentsetzungen, gleich ob der Buddhismus sich weigert, Gott als Gott zu benennen, oder ob der Islam Allah hundert Namen gibt und einen davon verborgen hält, oder der Hinduismus Shiva gar tausendundacht Namen gibt, damit eine unsagbare Fülle entsteht. Wir haben die Frage zu beantworten: Können wir das Heilige anrufen, um es als gegenwärtig zu erfahren und ihm zugleich seine Transzendenz zu belassen? Will die Kirche den überschießenden Raum des Göttlichen öffnen oder Gott verfügbar machen, für unsere Zwecke festlegen?

Damit gehen die christlichen Kirchen unterschiedlich um. Ähnlich wie das Judentum und der Islam verbieten, Gott in Bildern darzustellen, folgen die reformierten Kirchen diesem Bilderverbot. In orthodoxen Kirchen finden wir hingegen eine Fülle von Ikonen, in denen die Heiligen jeweils gegenwärtig sind, aber die Feier des Allerheiligsten selbst bleibt den Gläubigen verborgen. Ähnlich bilderfreundlich war die römisch-katholische Tradition. Aber stärker als ihre Schwesterkirchen erlag sie einer Versuchung: Vom Beginn der Theologie an hat sie Gott geradezu analytisch als ein personales Wesen definiert. Seit dem 11. Jahrhundert findet ein merkwürdiger Umschlag statt. Mit erstaunlicher Direktheit werden jetzt heilige Dinge versachlicht und lokalisiert. Das Brot der Eucharistie wird zum realen [!] Leib Christi erklärt. Die Hostie, Altargeräte und Reliquien werden über die Maßen verehrt; denn dort kann man das Heilige jetzt anschauen oder durch die Straßen tragen. Deshalb erhalten Bischöfe und Priester auch einen sakralen Status; sie werden zu »geweihten« Personen; bei der Eucharistie handeln sie »in der Person Christi«. Seit dem 13. Jahrhundert erträgt man an Ostern nicht mehr die biblische Darstellung vom leeren Grab, sondern stellt den verklärten Leib Christi dar, der über dem Grab schwebt. Für eine naturwissenschaftliche Epoche hat diese pseudo-empirische Vorstellungswelt katastrophale Folgen. Die Priester aber, denen das Heilige vorbehalten ist, werden zu sakralen Verwaltern eines sakramentalen Christus, die »in der Person Christi« handeln. Bis heute nennt sich der Papst »Stellvertreter Christi« und Benedikt XVI. hat diesen Titel neu betont. Wirkt das auf Menschen, die vor dem Geheimnis des Heils erschauern, nicht blasphemisch?

Man kann diese Wende in Theologie und Ikonographie als die entscheidende *Banalisierung* des zweiten Jahrtausends verstehen. Bis heute ist sie noch nicht überwunden. Im Gegenteil, durch die Reformation unbelehrt, aber auf dem 2. Vatikanischen Konzil zurückhaltend geworden, gerät der offizielle Katholizismus erneut in dieses verdinglichte Fahrwasser. Erneut will man über Gott und das Heilige verfügen und Zugriff über seine »Heilsmittel« erhalten. Gemäß einem Satz von Johannes Paul II. lebt die Kirche von der Eucharistie (*Ecclesia de Eucharistia*, 17.4.2003). Sie war für ihn der »Kern des Mysteriums der Kirche«. Dieser Satz führt in die Irre, denn er versteht die Eucharistie nicht als ein unverfügbares Ereignis, sondern als eine festgefügte, quasi automatisch wirkende Institution.

Solche heilige Magie darf sich nicht erneut durchsetzen, aber sie bleibt eine große, nostalgische Versuchung. Noch immer ist die Kritik am Priestertum – biblisch geboten – tabuisiert und sakramentale Handlungen binden die Emotionen weit mehr als die Verkündigung des Wortes. Reformarbeit an diesem Punkt ist unverzichtbar, denn bei aller Erneuerung nimmt sie eine Schlüsselstellung ein. Solange die reformorientierten Gruppen nicht neu von der Reformation lernen und selbst das prophetische Wort vom Ende des Priestertums zur Geltung bringen, werden auch andere Reformvorhaben scheitern. Zu fragen wird sein, wie wir die Glaubensgemeinschaft gegen die Verlockungen der Sakramentsfrömmigkeit immunisieren.

4. Gehorsam statt Glaube

Nennen wir noch eine vierte Fehlorientierung. Das westliche Christentum ist dabei, die reformatorische Lektion von der Freiheit eines Christenmenschen endlich einzuüben. Für Paulus war sie selbstverständlich und er warnte die Christen von Galatien davor, sie je wieder aufzugeben (Gal 5,1). Warum? Er kämpfte gegen das Diktat der Thora und hatte damit Erfolg; aber der Freiheitsgeist, der ihn motivierte, schien nicht anzuhalten. Spätestens seit dem 4. Jahrhundert wurden Gehorsam, Demut und Unterwerfung zu Grundmetaphern des christlichen Glaubens; darin trifft sich das Christentum mit anderen Religionen. Das Judentum preist den erhabenen Herrn der Heerscharen und Christen haben diese höfische Titulatur des Erhabenen und Unermesslichen übernommen. Jesaja (6,5) ruft in seiner Vision vom göttlichen Thronsaal: »Weh mir, ich bin verloren!« Ähnlich wie der Buddhismus ordnet sich der Hinduismus ergeben in den unveränderlichen, je individuellen Kreislauf des Dharma ein, der sich in den Gottheiten des Werdens (Brahma), Erhaltens (Vishnu) und Zerstörens (Shiva) in dessen göttlichem Tanz verkörpert. Diese Geste der Ein- und Unterordnung ist den Weltreligionen so sehr zur zweiten Natur geworden, dass dem Buddhismus, der sich den Metaphern der Unterordnung unter einen erhabenen Gott verweigert, nur noch die konsequente Verweigerung des göttlichen Namens übrig bleibt. In einem westlichen Anachronismus ausgedrückt, er reagiert atheistisch, damit er unverfremdet von der Sache selbst reden kann, um die es ihm geht: der Achtsamkeit, dem Mitleid mit den Lebewesen, der Entlarvung unserer Wirklichkeit als Schein, dem konsequenten Streben nach dem Ur-Einen, das er Nirwana nennt.

Solche Überlegungen sind nicht von esoterisch überflüssiger Natur, denn mit ihnen stoßen wir an eine neue Grunderfahrung des Religiösen, die in unserer Epochenwende unvermeidlich ist. Die auf Einheit, einen erhabenen Herrscher und die eine Vollendung hin ausgerichteten Religionssysteme begegnen einer pluralen Weltgesellschaft, die nach sozialer Gerechtigkeit und Frieden lechzt und nur noch demokratisch zu bewältigen ist. Damit werden sie auf eine wichtige Probe gestellt, die vermutlich auf den religiösen Kern aller *aktuellen Säkularisierungsprozesse* führt. Seinen Weltrang verliert nicht das Göttliche, sondern ein Gott, der von oben herrscht und das Schicksal der Menschen souverän bestimmt. M. E. gilt diese Herausforderung – vom Buddhismus abgesehen – für alle großen Religionen. Wir haben inzwischen vielleicht Fortschritte gemacht und können wenigstens den Umbruch formulieren, aber wirklich vollzogen ist er nicht. Eine Untertanenhaltung beherrscht noch die kirchlichen Milieus; die Solidarität mit der Menschheit und eine humane Friedensbereitschaft haben noch nicht die gebotene Priorität erreicht.

Vielleicht ist etwas vorsichtiger zu formulieren: Es ist den autoritär verfassten Weltreligionen noch nicht gelungen, die beiden Pole von innerer Ergebenheit und selbst vollzogener Freiheit zum Ausgleich zu bringen. Die genannten Pole müssen einander ergänzen, statt in gegenseitige Konkurrenz zu treten. Genau das ist ja die Utopie aller großer Religionen, der Eintritt in das Reich der Freiheit im Einklang mit dem Unaussprechlichen der Welt. Dabei ist es zweitrangig, ob wir dieses Ziel aus individuell-personaler oder aus einer kosmisch umfassenden Perspektive bestimmen.

Wunsch und Verwirklichung klaffen noch auseinander und nie können wir die Verlockung zur Zufriedenheit mit der Leidenschaft zur Weltgerechtigkeit ganz versöhnen. Martin Luther hat dieses Problem als Rechtfertigungslehre thematisiert. Auch reformorientierte Katholikinnen und Katholiken bringen ihre Erwartungen immer noch mit Ritualen der Unterordnung vor. Ihr Problem liegt nicht darin, dass sie den aufrechten Gang ablehnen. Es liegt an einem Gottesbild, das immer noch feudal orientiert ist. Auch sie leben den Glauben an Gott immer noch als *Glaubensgehorsam*, den Angstreflexe umgeben, statt aus einer vertrauenden Gottesbegegnung, die sie zu freien und selbstbewussten Personen macht. Die Menschenrechte wirken immer noch als Begrenzung religiöser Impulse, nicht als eine innere religiöse Inspiration. Dabei sollte die Zeit vorbei sein, in der man den Dekalog als eine vom Berg herab gedonnerte Verhaltensanweisung verbreitet. Konkreter gesagt: Angst und der Ruf nach Unterordnung haben in der katholischen Kirche zugenommen; das ist für ihre Glaubwürdigkeit eine verheerende Entwicklung. Dieser Kirche ist nur noch von Menschen zu helfen, die mit Mitchristen, Männern und Frauen, auch mit den Kirchenleitungen auf Augenhöhe verkehren. Dies zeigt sich nicht nur in den demokratisch gesinnten Inhalten, sondern auch in der Fähigkeit, schwierige Fragen der Zukunft in Partnerschaft zu lösen. Umtreiben muss uns die Angst vor einer Kirche, die dem Gestus der Glaubensfreiheit immer noch misstrauisch begegnet.

II. Fundamentalismus überall

Die religiöse Krankheit der Moderne

> Wir können nicht mehr in derselben Weise religiös sein wie unsere Vorfahren in der vormodernen, konservativen Welt, als die religiösen Mythen und Rituale den Menschen halfen, die notwendigen Beschränkungen der Agrargesellschaft zu akzeptieren. Heute orientieren wir uns nicht mehr an der Vergangenheit, sondern blicken nach vorn, und wer vom Rationalismus der modernen Welt geprägt wurde, kann die alten Formen der Spiritualität kaum noch begreifen. (Karen Armstrong, *Im Kampf für Gott* [2000] 507)

Im ersten Kapitel war die Rede von vier Fehlformen des Glaubens und der Religion; man hätte auch von Dauerinfektionen oder schleichenden Krankheiten sprechen können. An sich müssen sie zu keinen Katastrophen führen. Im Gegenteil, nur Ansteckungen sorgen für angemessene Gegenwehr, im Glücksfall zu bleibender Immunität. Ziel einer Gesundung kann ja kein unberührter und steriler Organismus sein, denn immer haben wir es mit einem chaotischen Kreislauf von Versuchungen, Versuchen und Neujustierungen zu tun. Zudem entwickelt sich religiöses Leben immer in hochkomplexen seelischen, kulturellen und sozialen Zusammenhängen. Da wird gehandelt und erlitten, gedeutet und verstanden, oft auch missverstanden, erkundet und erlebt, vielfach verletzt, Beziehungen zu Mitmenschen und eingegangene Erfahrungen der Einsamkeit werden ertragen. Dies alles bleibt in gesellschaftlich kulturelle Umgebungen eingebettet und wird von ihnen geprägt, wenn nicht gar gesteuert. Vielleicht können ein Glaube und eine Sinnerfahrung erst dann überzeugen, wenn sie durch diese Gegensätze hindurchgegangen sind. Das aber kostet Mühe, und der Augenblickserfolg kann schnell wieder verfallen. Eine jede Epoche fordert die Kirchen und ihre Mitglieder neu heraus, denn neue Fragen müssen verstanden, aufgegriffen und in die kirchliche Lebenswelt einbezogen werden. Kann das immer in gleicher Weise gelingen, oder gibt es Epochen, die mit Glaubens- und Sinnfragen prinzipiell inkompatibel sind? Ich glaube nicht, aber die epochalen Umbrüche können von unterschiedlichem Gewicht sein und unbestritten ist, dass wir – nach einer langen Vorgeschichte – mitten in einem solchen Umbruch stehen.

1. Von Bedrohungen umstellt

Weil in diesem Umbruch Kirche und Christentum unter besonderen Beschuss gerieten, sind die Anpassungsprozesse besonders schwierig geworden. Die Moderne legt ihre Forderungen auf den Tisch; das Christentum tut sich mit guten Antworten schwer. Die gefährliche Infektion fordert zu Schüttelfrost und Fieberschüben heraus. Sie besteht in der Verführung, mit diesem Schmuddelkind alle Kontakte abzubrechen. Sie lässt sich mit dem Begriff »Fundamentalismus« umschreiben. Wie das erste Kapitel zeigt, hat er seine Vorläufer und gibt früheren Fehlhaltungen nur eine spezifische Note. Dennoch ist er ein typisch modernes Phänomen, das mit einer überschaubaren Geschichte begann, die inzwischen aber zu einer grassierenden Seuche geradezu explodiert ist.

So sind wir von Fundamentalismen und Fundamentalisten umstellt. Ob sie Katastrophen hervorbringen (religiös und politisch) oder deren Folge sind, ist weniger wichtig, denn nahtlos fügen sie sich ein in Kreisläufe, die sich selbst bestätigen, von lustvollem Machtanspruch und unstillbarem Misstrauen, von offensichtlicher Gewaltduldung und wohlgelittener Taubheit, von systematischer Lebensvernichtung und pompöser Besserwisserei. Sie agieren in Zirkeln mit eskalierender Tendenz und in Teufelskreisen, die im Monströsen enden. Aufdringlich belehren sie uns und wissen alles besser. Deshalb beantworten die Taliban Polioimpfungen seit Juli 2012 mit der Tötung von Ärzten und gewaltbereite Muslime die dänischen Muhammadkarikaturisten seit Oktober 2007 mit weltweiten Tötungs- und Gewaltaufrufen, von den Brutalitäten gegenüber Mädchen und Frauen ganz zu schweigen. Zur Bestätigung ihrer Intoleranz zerstören Fundamentalisten in Bamiyan (Afghanistan) kostbare Buddhastatuen (2001) von höchstem Alter, in Timbuktu eine altehrwürdige Bibliothek und drangsalieren zudem die Bevölkerung. Die Religiösen unter ihnen berufen sich mit Pathos auf ihren jeweiligen Gott und vermeintlichen Glauben. Sie beschwören das Verderben der Welt, zerstörerische Anarchie und beklagen eine ungezügelte Freiheit. Sie schaffen Abhilfe, indem sie den Teufel mit Beelzebub austreiben, also Freiheit als Willkür denunzieren und rundum bekämpfen.

Ob Christen besser wegkommen als Muslime, wird noch zu besprechen sein. Unschuldsengel sind sie auf keinen Fall; zu viele unter uns greifen ebenso gern zu struktureller oder psychischer, wenn nicht gar zu physischer Gewalt, und keine Religionsgemeinschaft koordiniert ihren Fundamentalismus weltweit so gekonnt und effektiv wie das römisch-katholische Kirchensystem. Viel wichtiger als die genaue Zuordnung ist eine andere Tatsache: Gleich, ob politisch konservativ oder progressiv, ob atheistisch oder religiös neutral, ob jüdisch oder muslimisch, katholisch oder evangelisch grundiert: Jeder Fundamentalismus erzeugt eine politische Ausstrahlung. Er schafft Umfelder der Verführung und der Infektion, denn er verspricht Lösungen für Schwachpunkte von Gesellschaft, Religionen und Kulturen. So umschließen uns ständig Netze der Verdächtigung und der Kontrolle; ständig wird definiert, was politisch korrekt ist, manipuliert werden Äußerungen und Verhaltensweisen, initiiert oder abgesprochen. Ein Klima von Nötigung und Gewalt wird geschaffen, unser Denken und Handeln mit Zäunen umgeben.

Schon wer sie widerspruchslos akzeptiert, steht auf verlorenem Posten, denn bei deren Überschreitung rufen die Fundamentbewahrer nach höheren Werten und Wahrheiten, um göttlicher Wahrheiten willen nach drastischen Sanktionen: zur Not Hand ab, Höllenstrafen oder Exkommunikation. In Pakistan wurde ein 14jähriges Mädchen niedergeschossen (Oktober 2012), weil es sich für die Schulausbildung von Mädchen einsetzte, in Bonn einem Inder die Zunge zerschnitten (Dezember 2012), weil er sich weigerte, Muslim zu werden; in *kreuz.net* wurde ein Schwuler nach seinem Tod in die »Homohölle« gewünscht. Nicht nur in Europa fernen Ländern, wie provinzielle Mitbürger suggerieren, sondern auch in Deutschland streckt der Fundamentalismus seine Krakenarme aus. Er kennt zahllose Förderer, sogenannte Islamisten (Alawiten oder Salafisten) und die Gruppe »Kein anderes Evangelium«, Anhänger von Opus Dei oder der Legion Christi, um nicht zu reden über die Mentalität des demissionierten Papstes, der evangelischen Christen ihre Kirchlichkeit und Exegeten den wahren Glauben abgesprochen hat. Doch reine Papstschelte wäre hier unangebracht, denn schon aus Gründen der Selbsterhaltung braucht jede Großorganisation eine übersichtliche

Ordnung. Oft unbewusst und aus innerem Zwang, bisweilen auch gezielt ordnen sich unsere Großkirchen klaglos in überschaubare Kategorien ein, wie evangelische und römisch-katholische Alltagskonflikte vorzüglich belegen. Man ist gläubig oder nicht, hetero oder schwul, für oder gegen bleibende Werte, für oder gegen die Jungfrauengeburt, unterwirft sich den Regeln der eigenen Religion oder nicht. Weil weltweit in Aktion und schlagkräftiger organisiert, generieren Rom und Roms Mitstreiter die herberen Profile, die in absoluten Macht- und unfehlbaren Wissensansprüchen kulminieren. Mit deren Dogmatisierung im Jahre 1870 bekam der römische Fundamentalismus seine offizielle Gestalt. Er hat sie bis heute behalten.

2. Biblischer Fundamentalismus – Erfindung der USA

> Ich möchte eine biblische Theologie, die ... nicht mit einer Hypothese beginnt, um dann die Fakten und die Philosophie zurechtzubiegen, damit sie in die Krümmung unseres Dogmas passt, sondern die nach dem Baconschen System zuerst die Lehren von Gottes Wort zusammenträgt und dann ein allgemeines Gesetz daraus abzuleiten sucht, nach dem man die Fakten anordnen kann. (G. M. Marsden, zit. nach Armstrong, 207)

Die Schrecken dessen, was die Öffentlichkeit heute unter Fundamentalismus versteht, werden sattsam besprochen; nahezu täglich berichten die Medien über Gewaltüberfälle, Suizidattentate, die Tötung von missliebigen Männern, Frauen und Kindern. Wenn Solches in muslimischen Ländern geschieht, bestätigt das nur unser moralisches Überlegenheitsgefühl. Wenn Christen benachteiligt, bedroht oder gar getötet werden (und dafür bietet sich gegenwärtig in fünfzig Ländern ein günstiges Umfeld), finden wir uns gar als Opfer von Fundamentalisten bestätigt. Aber vertreten wir eine Religion der Liebe, während andere Religionen Gewalt entweder propagieren oder in bestimmten Fällen wenigstens dulden? Aus zwei Gründen geht diese Gleichung nicht auf:

– Die Wiege des Fundamentalismus steht nicht im Islam, sondern *im Christentum.* Sein historisch aufzeigbarer Ursprung befindet sich im Süden der USA – und ich füge hinzu: in Rom.
– Diesen durch und durch modernen Fundamentalismus gibt es schon lange, bevor er gewalttätig wird. Sein Anfang lautet nicht Gewalt, sondern *Verweigerung*; er missachtet Argumente und moderne Erfahrungen.

Die durch und durch christliche Ursprungsgeschichte des Fundamentalismus ist weithin bekannt. Von einer unorthodoxen Verkündigung aufgeschreckt und durch eine aufgeklärte, bald bibelkritische Theologie zutiefst verunsichert, zudem während des Sezessionskriegs (1861–65) und der Folgejahre religiös und politisch aufgewühlt, bündeln sich allmählich in den USA – in Reaktion gegen kirchliche Neuerungen – konservative Kräfte. Ab 1910 gelingt es, mit der Schriftenreihe *The Fundamentals* innerhalb von fünf Jahren ein positives Gegenprogramm zu formulieren, das (zunächst) christliche Fundamentalaussagen der Bibel in Schutz nimmt, sozusagen zum Brückenkopf eines reaktionären Programms ausbaut: Jesus Christus ist wahrer Gott und jungfräulich empfangen, starb einen erlösenden Opfertod, ist von den Toten auferstanden und wird am Ende der Zeiten wiederkommen. Diese Schriften sollten zum Beginn einer ungeheuer erfolgreichen Bewegung werden, die den christlichen Glauben zwar nicht bereicherte, ihn aber zu einer schlagkräftigen Bastion ausbaute. Weitere Themen gesellen sich hinzu und lassen sich nahezu beliebig fortsetzen: Erschaffung der Welt in sechs Tagen, Sintflut, Verurteilung von Abtreibung und Homosexualität. Die Grundthemen der späteren evangelikalen oder bibeltreuen Kreise waren genannt. Der abgeleitete Begriff »Fundamentalist« wird später auf gewalttätige und intolerante Gruppen ausgeweitet.

Warum dieser neue Akzent auf die alten Aussagen? Geht es nicht um alten Wein in neuen Schläuchen? Wird nicht einfach wieder mit Nachdruck behauptet, was doch niemand bestritten, sondern höchstens differenziert hatte? Religionskritiker (die Aufgeklärten, die Anhänger empirischer und historischer Wissenschaften unter ihnen) begegneten solchen Aussagen mit erheblichen Vorbehalten. Was war geschehen? Ein gewaltiger Epochenumbruch mit neuen Fragen und Ideen stellte sich ein. So begannen die Weiterdenkenden unter den Christen, die alten Bekenntnisse neu zu deuten, dies in Reaktion auf Aufklärung, Wissenschaft und Politik. Die Reaktion der Fundamentalisten begann also damit, dass sie sich den neuen Deutungen und deren rationalen Anstrengungen schlicht verweigerten. Zum Pathos der neuen, doch wieder alten *Fundamentals* gehört immer ein »so und nicht anders«.

3. Irrtumsfreie Bibel

Plötzlich steckt schon im reinen Wiederholen der alten Glaubensbekenntnisse nicht nur eine Bestätigung der alten Wahrheit, sondern die Weigerung, neue Horizonte mitzudenken, sich also auf Vermittlungen und Gespräche einzulassen. Besonders klar wird dies im ersten Bekenntnissatz von *The Fundamentals,* der bislang noch nicht genannt wurde. Die Bibel, heißt es da, ist irrtumsfrei und von Gottes Geist inspiriert. Auch hier fügt der Subtext einer verunsicherten Epoche hinzu: Wir verstehen die Bibel genau in dem Sinne, in dem wir sie immer verstanden haben, denn zu verstehen sind die umstrittenen Texte »wörtlich«, d. h. beschreibend und im Sinne einer zeitlos jenseitigen Wahrheit. Nun sind die Texte, die metaphorisch, symbolisch oder »mystisch« auszulegen waren oder die geheimnisvoll bleiben müssen, schon lange als solche erkannt. Wo aber die Bibel von Gottes Handeln spricht, ist dies *interventionistisch,* also so gemeint, wie wenn eine menschliche Person in die Wirklichkeit eingreift, denn bei Gott – schließlich steht auch das in der Bibel – ist alles möglich. So kann der Jahwe Israels bewirken, dass Sonne und Mond so lange stehen bleiben, bis Josua die Amoniter besiegt hat (Jos 10,13), oder eine Weintraube so groß wird, dass zwei Männer sie gemeinsam tragen müssen (Num 13,23), einem Reptil die Füße abfallen (Gen 3,14), eine Jungfrau schwanger wird, Sterne vom Himmel fallen (Apk) und Tote wieder leben. Signalcharakter erhält schließlich die Schöpfungsgeschichte, dass Gott die gesamte Welt in sechs Tagen erschafft, um am siebten auszuruhen. Von Anfang an wird der Darwinismus abgelehnt, der seitdem zum Abschied vom biblischen Weltbild hochstilisiert wird.

Zum Vorschein tritt mit diesen Beispielen die spezifische Funktion des biblischen Fundamentalismus; er lebt aus einem Zerwürfnis mit der Moderne. Auf den ersten Blick geschieht nichts Neues, wird doch das reformatorische Schriftprinzip nur neu proklamiert, das im 16. Jahrhundert für Glaube, Frömmigkeit (und ein neues Politikverständnis) unglaublich kreativ wirkte, die Moderne mit heraufführte, zumindest legitimierte. Unversehens gerät es zum Verbot, mit der Moderne überhaupt zu reden und deren Freiheitsimpulse ernst zu nehmen, da Gott ja alles schon geregelt hat und ihm jede Neuinterpretation ein Gräuel sein muss. Deshalb gleitet der genuin protestantische Appell zum vertrauenden Glauben zugleich ab in den Appell, bestimmte Aussagen von Schrift und Tradition für wahr zu halten. Die Devise lautet also nicht: neue Sicherheitsinhalte oder Weltinterpretationen (gleich ob diese auch wieder fundamentalistisch agieren oder nicht), sondern: Die alte und brüchig gewordene Sicherheit wird durch *Diskussions- und Denkverbote* neu beschworen. Gut protestantische Lehr- und Verstehensgrundlagen werden bewusst vor-modern, also reaktionär restauriert.

Die genannten *Fundamentals* aber bündeln sehr einsichtig die Hintergrundfragen, die für ein verunsichertes Christentum in der Auseinandersetzung mit der Moderne zur Debatte stehen und die eigene Identität profilieren. Dieses unterscheidende Profil ist nicht nach außen, sondern nach innen gerichtet. Diskutiert werden nicht Gott, sondern Jesus Christus, nicht die Wahrheit menschlicher Vernunft, sondern die Irrtumslosigkeit der Schrift, nicht der Sinn von Christentum oder Religion überhaupt, sondern die Geltung eigener konkreter Überzeugungen. An Jesus interessiert nur die eine göttliche, unvergleichbare Überlegenheit, an der Bibel nur ihre göttliche, unvergleichliche Wahrheit. Beide wirken wie Blankoschecks für den Rückzug aus dieser Welt. So sind rechenschaftspflichtige Diskussionen mit säkularen oder religiös vermittelnden Positionen irrelevant, entsprechende Legitimationsdiskurse automatisch Zeichen mangelnden Glaubens, denn der Igel biblischen Besserwissens ist allhier. Im Grunde konnten alle streitigen Themen als Beispiel für einen halbherzigen, nicht bibeltreuen Glauben an die Aussagen der Schrift eingekreist und denunziert werden. So gibt es zwischen fundamentalistischen, evangelikalen und pietistischen Formen christlicher Selbstbestätigung intensive Überschneidungen. Die Frage ist nur: Wie intensiv und wie offensiv bearbeitet man die Konflikte mit einer Öffentlichkeit, die sich – inner- oder außerkirchlich – zunehmend von einem traditionellen Glaubensverständnis entfernt?

Von daher erklärt sich, warum sich seit Beginn des südstaatlichen Fundamentalismus die Streitthemen nach Belieben erweiterten. Bis heute ist der »Scopes«- oder »Affen«-Prozess von Dayton (1925) von paradigmatischer Bedeutung. In ihm ging es um die konkrete Frage, die in bestimmten Staaten der USA noch heute nicht ausgestanden ist: Darf in einer Schule die (als bibelwidrig beurteilte) Evolutionstheorie im Sinne von Ch. Darwin gelehrt werden? Kern dieser Auseinandersetzung ist die konstante Anfeindung der Evolutionstheorie, weil sie dem christlichen Schöpfungsglauben widerspreche.

Damit sind für alle weiteren Diskussionen die Schleusen geöffnet. Die Autorität der Schrift war in jedem Fall wiederherzustellen, nachdem sie von den gottlosen Wissenschaften unterminiert war. Durch die Aufklärung erhielten sie Vorschub, die Aufhebung der Sklaverei während der Sezessionskriege versetzte dem Wort der Bibel einen schweren Schlag und die Schöpfungsgeschichte geriet durch den Darwinismus in die Defensive. Die herausgearbeiteten *Fundamentals* wurden zum Signalgeber für den *Kampf gegen die empirischen Wissenschaften* und die Geschichtsforschung, die sich immer kritischer zur traditionellen Sprache und Symbolbildung des christlichen Glaubensbekenntnisses verhielt. Dass sich dieser Aufruhr immer prinzipieller gegen die Wahrheitsansprüche der Wissenschaft überhaupt richtete, war angesichts der wissenschaftlichen Welterfolge auf allen nur denkbaren Gebieten vorauszusehen.

4. Verunsicherung durch Interpretation

Die Übereinstimmungen sind kein Zufall, denn jeder heute bekannte Fundamentalismus beginnt mit einer typisch modernen Verunsicherung im Verstehen der ursprünglichen Glaubenstexte, seien es der hebräischen Bibel, des Neuen Testaments, des Koran oder fernöstlicher Erzählungen und Texte. Seit der Aufklärung entfalteten die Natur-, Geschichts- und Textwissenschaften allmählich andere Horizonte. Auf den ersten Blick relativierte dies viele religiöse, auch die kanonischen Texte: Die Welt ist eben nicht, protokollarisch ausgedrückt, in sechs Tagen erschaffen. Auf den zweiten Blick lernten wir so, die Ausdrucksmittel und die Ausdruckskraft der Religionen neu zu verstehen. Und niemand kann leugnen, dass dieser Wechsel vom ersten zum zweiten Blick Mühe kosten und zu Abgründen führen kann, die sich nicht über Nacht ausloten lassen. Schließlich geht es um Gott, das Geheimnis der Geheimnisse schlechthin.

Wie alle Texte der Welt erhalten auch die kanonischen Texte doppelte und vielfache Böden. Die spannenden Fragen aus dem christlichen Sprachraum sind uns bekannt: Was meint die Gottessohnschaft Jesu wirklich? Sind die Wundererzählungen historische Protokolle? War Jesu Grab leer? Ist Homosexualität vom Bösen? Und allzu verständlich ist: Dieser tiefgreifende Deutungswechsel von identitätsrelevanten Texten muss Verunsicherung auslösen. »Alles wackelt!«, rief der evangelische Theologe Ernst Troeltsch schon 1896 aus. Sollte beim allgemeinen Umbruch der Kulturen nicht wenigstens die Religion mit ihrem Wahrheitsversprechen einen Halt bieten?

Doch genau darin liegt das Problem, das sich in diesem kulturellen Umbruch zeigt: Religionen bieten keine klar eingenordeten Wahrheiten, vielleicht mit festem äquatorialem Standort, auf die eine Religionsantenne nur noch auszurichten ist. Im Gegenteil, Religionen und ihre Anhänger sind *immer Teil dieses Umbruchs*, den sie mit herbeiführten. Seit der Aufklärung lautet im christlichen Kulturkreis also die Grundfrage: Wie gehe ich als Christ, wie gehen die Konfessionen, wie geht das Christentum insgesamt mit dieser neuen Situation um? Und es ist klar, dass die oben genannten Verführungen jetzt ihre Chance wittern: Trauern wir der guten Vergangenheit nach? Hängen wir uns positivistisch an den Oberflächeninhalt bestimmter Texte? Beginnen wir zur Entlastung, das Heilige vorschnell in bestimmten Personen und Dingen zu suchen, und verfallen wir in eine Gehorsamsroutine, die uns von eigenem Denken, der eigenen Verantwortung, dem eigenen Mittragen einer faszinierend neuen Situation entlastet?

Für die römisch-katholische Kirche ist die aktuelle Bilanz niederschmetternd. Sie hat weder die naturwissenschaftliche noch die sozial-ethische, weder die ideologisch-philosophische noch die biblische Herausforderung aktiv und kreativ übernommen. Wie bereits gesagt: Nostalgische, positivistische, sakralisierende und untertänige Reaktionen sind verständlich. Dies sind aber Krankheiten, ohne deren entschlossene Überwindung keine Religion bestehen kann, wenn sie sich nicht in die Ecke von Verweigerern und Sekten manövrieren will. Auch Päpste müssten wissen, welche Chance sie mit ihrer Diskursverweigerung verwirken. Übrigens hat diese nicht im Jahre 1870, sondern schon 1683 begonnen, als in Frankreich das epochemachende kritische Grundlagenbuch von Richard Simon zum Neuen Testament verbrannt wurde. Seit dieser Zeit wird behauptet, die Exegese sondere sich vom Glauben ab. Das Gegenteil war der Fall. Was Wunder, dass der Fundamentalismus der Lehre bis heute ungeschmälertes Vertrauen genießt.

5. Schreckgespenst Pluralismus

Vor diesem Hintergrund zeugt das Schlagwort von einer »Diktatur des Relativismus« nicht gerade von kluger Weitsicht, sondern von unverarbeiteten Sicherheits- und Verlustängsten, die den begrenzten Raum religiöser Fragen überschreiten, denn der Fundamentalismus berührt auch philosophische und politische Fragen, Probleme der Wahrheit und der Toleranz. Er gibt gerade nicht Antwort auf eine neue plurale Situation, sondern verweigert sie, indem er sich auf alte Positionen zurückzieht. Z. B. denkt der Fundamentalist angesichts der Evolutionstheorie nicht neu über die Schöpfungsfrage nach, sondern weigert sich, die neue Situation zur Kenntnis zu nehmen.

Natürlich ist, wie wir zu Beginn sahen, die Versuchung zur Gesprächsverweigerung verständlich, denn weder außerhalb noch innerhalb einer Religion kann moderne Pluralität einfach zur Standpunktlosigkeit führen. Aber eine Integration neuer Situationen im Denken und Handeln, in der Weltinterpretation und in der Weltgestaltung gehört eben zur religiösen Existenz. Man lese nur die Geschichte des Elia, die fundamentalistisch mit der Tötung von vierhundertfünfzig Baalspriestern beginnt und mit der Gotteserfahrung eines sanften Windhauchs endet.

Wenn nämlich der »Pluralismus« nun zum großen Schreckgespenst degeneriert, das uns im Sturm nur hilflos hin und her peitscht; wenn er zu Fragen von Welt, Mensch und Heil nur noch eine (jüdisch, christlich, muslimisch oder hinduistisch) genormte Antwort zulässt, weil sie schon geschrieben steht; wenn aus der vermeintlich einen Antwort nur noch die Bekämpfung der anderen folgt; wenn es also verboten sein soll, sich einer strittigen Wahrheitssuche zu stellen und wir die Spannungen nicht mehr aushalten dürfen, die sich aus Positionsänderungen ergeben, dann gibt es innerhalb der Religionen kein Leben und keine Suche nach Wahrheit oder Liebe mehr. Dann kann keine Religion mehr reifen, kann sich aber auch keine Gesellschaft mehr verständigen, keine Familie mehr funktionieren, kein junger Mensch mehr zu seinen eigenen Positionen finden. Dann bleiben nur noch das Dekret einer *religiös absoluten Instanz* und die unbedingte Intoleranz gegenüber andersdenkenden Menschen. Die Folgen sind die Herrschaft eines absolutistischen Priesterkönigs, der Sieg einer diktatorischen Rechthaberei, Denkverbote und Verachtung des persönlichen Gewissens, letztlich freiheitsverachtende Gewalt, mentale und physische Scheiterhaufen.

Diese Krankheit, ja Überhitzung und Vergiftung religiösen Verhaltens betrifft heute viele Religionen; der Virus breitet sich auf mentaler und praktischer Ebene aus. Er blockiert die Fähigkeit zum Gespräch, die Toleranz und den gegenseitigen Respekt, legitimiert den Gebrauch von Gewalt und lässt sich für andere Ziele instrumentalisieren. Man denke (um Beispiele zu nennen) an das orthodoxe Judentum, an intolerante Strömungen innerhalb des Christentums, an koranistisch eifernde Muslime und einen nationalistisch agierenden Hinduismus, der zur Spaltung Indiens schon vor dessen Einigung durch Mahatma Gandhi führte. Schon in Fragen der Lehre wird eine simple Tatsache verdrängt: Wir können überhaupt keinen Text »objektiv«, also eindeutig und unwiderlegbar entschlüsseln, weder was er sagt, noch was er bewirkt, sofern er nicht auf mathematische Informationen reduziert ist. Dies gilt am wenigsten für religiöse Texte, denn diese wirken immer ganzheitlich und komplex, gleich ob wir sie symbolisch in Erzählungen, Imaginationen oder Bezugsereignisse auflösen. Sie legen es immer auf eine höchst kreative Beziehung zwischen Texten und deren Leser/Hörer an. Wer eine religiöse Erfahrungsbrücke, die immer neu Gestalt gewinnen muss, mit einem gesicherten Wissensbestand verwechselt, hat von Religion und Glauben schlicht nichts begriffen. So scheitert das römisch-katholische Unfehlbarkeitsdenken schon daran, dass es kein besseres, neues Wissen mehr zulassen kann und deshalb erstarrt. Ein Musterbeispiel solcher Erstarrung war der »Antimodernismus«, der sich nach dem Zweiten Vaticanum, wie es schien, wie in ein Nichts auflöste und den wir im aktuellen Kirchenregiment doch wieder hautnah erleben.

6. Elementare und institutionelle Interpretation

Warum aber lässt sich diese Sucht nach einer monolithischen Wahrheit nicht ausrotten? Man könnte psychologisch antworten: Es ist einfacher, sich mit einer einzigen Auffassung zu arrangieren, als sich zwischen mehreren zu entscheiden oder auf Eindeutigkeit zu verzichten. Schließlich gibt man damit zu, dass umfassende Wahrheiten größer sind, als ich fassen kann. Der Grund kann nicht etwa in den biblischen Texten selbst liegen, denn wie alle großen Texte der Literatur oder Philosophie eröffnen sie einer jeden Generation neue Dimensionen. So ist bis heute die jüdische Schriftauslegung dauernd im Fluss und erfährt eine vielfältige Interpretation nicht als Bedrohung, sondern als Beglückung: Wie reich muss die Wahrheit sein, die in den Schriften verborgen ist!

Im Christentum verlief die Entwicklung anders. Natürlich war und ist auch christliche Schriftauslegung in ständigem Fluss, aber schon bald war die Neigung groß, die eigenen Ergebnisse den anderen entgegenzustellen. Selbst die historisch kritische Exegese, die auf den Prozess von Behauptung und Kritik doch trainiert sein müsste, erweckte lange den Eindruck, sie habe als Erste den Stein der Weisen gefunden. Ein Grund dafür liegt in der gesamtkirchlichen Entwicklung; schon früh wurde die Schriftauslegung von institutionellen Bedeutungen überlagert. Seit dem 4. Jahrhundert etwa haben Theologen und Konzilien christliche Wahrheiten dogmatisiert und damit festgelegt, wie die Evangelien, die Paulusbriefe oder die jüdischen Schriften auszulegen sind. Maßstab blieb die eine, kirchlich sanktionierte Glaubenswahrheit, von der nicht mehr abzuweichen ist.

Die Schrift gilt als das Buch der Kirche und immer neu wurde um die Frage gestritten: Was hat die Schrift der Kirche und was hat die Kirche der Schrift zu sagen? Hat die Kirche (gut katholisch) das Recht, die Auslegungen zu beschränken oder hat sich die Kirche (gut evangelisch) durch die Schrift korrigieren zu lassen? Genau dieser Konflikt lässt sich in den Jesusbüchern des Papstes erkennen und es verwundert nicht, wenn ausgerechnet fundamentalistische Kreise großen Teilen dieser Bücher nicht ohne Sympathie begegnen. Es lohnt sich auch, den päpstlichen Jesusbüchern den Stand der jüngsten exegetischen Forschung gegenüberzustellen.

In diesem Sinn sollten wir unterscheiden zwischen einer institutionellen oder offiziellen Interpretation, die auf unveränderliche Glaubenswahrheiten abzielt, und einer elementaren Interpretation, die sich – wie Luther in seiner Zeit – auf die Schrifttexte selbst konzentriert, die christliche Wahrheit aus ihren eigenen Quellen ergründen will und zu aufrüttelnden Ergebnissen kommt. Von Luther sollten auch Katholikinnen und Katholiken lernen: In einer Epoche von tiefsten kulturellen Umbrüchen haben wir uns den Schrifttexten neu, elementar, mit dem Einsatz aller Vernunft und aller wissenschaftlichen Mittel zu nähern. Nur so wird es möglich, auch wieder umfassende Sprachregelungen für alle Kirchen zu finden. Es gibt also eine institutionelle Interpretation, die sich von der offiziellen Kirchenlehre leiten lässt. Wenn sie andere Auslegungen in aller Form ausschließt oder gar als ungläubig verdammt, könnte man von einer institutionell überhöhten oder fixierten Interpretation sprechen. Doch viel wichtiger ist eine elementare Interpretation, die sich der *Dynamik biblischer Schriften* selbst hingibt. Sie wird in reiche Welten des Erzählens und Deutens, weiser Belehrung und prophetischer Kritik, des ergebenen Gebets und beängstigender Zukunftsvisionen einführen. Schließlich müsste die institutionelle Interpretation erstarren, wenn sie bisweilen nicht von elementaren Zugängen zur Schrift aufgerüttelt würde.

Der Fundamentalismus zerfrisst die Kircheneinheit umso mehr, als wir diese Grundspannung zwischen elementarer, meist von unten kommender, und institutionell orientierter Interpretation ignorieren. Er gewinnt genau deshalb an Einfluss, weil diese Spannung kaum jemand zugibt, geschweige denn bearbeitet oder den Widerspruch zwischen ihnen als interessant und lustvoll erlebt. An einer offenen, immer wieder belebten Diskussion um überzeugende, im besten Sinn des Wortes vernünftige Auslegungen entscheidet sich die innere Glaubwürdigkeit aller Kirchen, die sich christlich nennen. Je bewusster sich der Fundamentalismus mit seinen institutionell festgehämmerten Überzeugungen einer vernünftig elementaren Auslegung verweigert, umso mehr gerät er zur Perversion eines vernünftigen Glaubens.

7. Drei Regeln zur Auslegung der Schrift

Inzwischen hat der Begriff des Fundamentalismus eine breitere Bedeutung erlangt. Wir verbinden mit ihm nicht nur eine autoritäre Schriftauslegung, sondern auch ein autoritäres Verhalten, die Diskriminierung von Andersdenkenden und deren leichtfertigen Ausschluss aus der Glaubensgemeinschaft, Besserwisserei und Intoleranz, bis hin zur Gewalt und der Bedrohung von Leib und Leben. All diese Phänomene sind inakzeptabel und widerlegen sich selbst. Zugleich meine ich: Eine Reformarbeit, die den Namen des Christlichen verdient, muss von einer vernünftig verantworteten Interpretation der Schrift als der entscheidenden Glaubensquelle ausgehen und auf ihr bestehen. Allein von ihr her können wir neu die Frage beantworten, was Christsein eigentlich ausmacht und nach welchen Grundsätzen kirchliches und gesellschaftliches Leben zu gestalten ist. Ich schlage deshalb vor, dass wir uns bei dieser Auslegungsarbeit an drei prinzipielle Regeln halten:

Regel 1: *Die Glaubensquellen sind nicht institutionell zu überhöhen, sondern sachgemäß und vernünftig auszulegen; ihr Verständnis ist also persönlich und nach Möglichkeit wissenschaftlich zu verantworten.*

Im Ethos ihrer Schriftauslegung hat die römisch-katholische Kirche immer noch von der reformatorischen Tradition zu lernen. Eine sachgemäße Auslegung verlangt, dass sie nicht von sachfremden, etwa von institutionell-kirchlichen oder persönlichen Interessen geleitet und überhöht wird. Eine vernünftige Auslegung öffnet ein jedes Schriftverständnis dem Spiel von Argument und Gegenargument, das sich auf den auszulegenden Text berufen kann. Persönlich verantwortet ist ein Textverständnis, wenn ich persönlich dafür eintrete und bereit bin, mich spirituell und ethisch daran zu orientieren.

Regel 2: *Die Spannungen, die dabei zwischen elementarer und institutioneller Auslegung auftreten, sind klar zu nennen und auszutragen.*

Dass die genannten Spannungen auftreten, ist selbstverständlich, denn wir alle sind von bestimmten Schriftauslegungen geprägt, und natürlich neigen Kirchenleitungen den traditionellen, institutionell garantierten Auslegungen zu. Umso offener sind die Bruchlinien zu benennen, die sich unerwartet zeigen können. Kommt einem authentischen Jesuswort mehr Autorität zu als ein ihm zugeschriebenes Wort? Wie ist der Unterschied zwischen historisch wahrscheinlichen und legendarischen Wunderberichten? Ist die Rechtfertigungslehre die Mitte der Schrift? Was heißt es, dass Jesus von den Toten auferweckt wurde? Dasselbe gilt für die Konkurrenz verschiedener exegetischer Methoden, die selbst in kirchlichen Dokumenten aufgezählt und akzeptiert werden. Auch Kirchenleitungen und Konservative müssen diesen Widerspruch ertragen und helfen, ihn in kooperativ geschwisterlichem Geist zu lösen.

Regel 3: *Gegebenenfalls ist Kirchenleitungen und Fundamentalisten das Recht abzusprechen, die elementaren, rational verantworteten Interpretationen zu diskriminieren.*

Diese dritte Regel ist bei dem Gesamtprogramm unverzichtbar, denn oft genug treten Kirchenleitungen oder selbsternannte Besserwisser mit großer Lautstärke auf, um den wahren Glauben für sich zu reklamieren und ihn anderen abzusprechen. Wie Paulus nehmen wir uns das Recht, diesen selbsternannten Überaposteln klar entgegenzutreten, denn wir stehen ihnen nicht nach (2 Kor 11,5). Wir lassen uns von Argumenten überzeugen, nicht aber autoritär übertönen. Das gilt für Rom ebenso wie für autoritäre Bischofsregime und gesprächsunfähige fundamentalistische Mitchristen. Angesichts der gegenwärtigen Kirchenkrise ist die Zeit des geduldigen Schweigens vorbei.

III. Römischer Fundamentalismus

1. Leitfigur Benedikt

Benedikt XVI., von April 2005 bis Februar 2013 Papst der römisch-katholischen Kirche, kann inzwischen als Leitfigur des römisch-katholischen Fundamentalismus gelten. Nicht als ob er Gewalt predigen würde oder säen wollte. Aber in Sachen Moderne ließ auch er nie mit sich spaßen. Am 18. Juni 2005, dem Tag vor seiner Papstwahl, griff er deren Grundlagen in seiner offiziellen Predigt auf. Eine Schlüsselstelle sei hier wiedergegeben:

> Wie vielen Widerstreit der Wellen haben wir in den letzten Jahrzehnten kennen gelernt, wie viele ideologische Strömungen, wie viele Denkweisen? … Das kleine Boot des Denkens vieler Christen ist nicht selten von diesen Wellen umher geworfen worden – von einem Extrem ins andere: Vom Marxismus zum Liberalismus, bis hin zum Libertinismus; vom Kollektivismus zum radikalen Individualismus; vom Atheismus hin zu einem vagen religiösen Mystizismus, vom Agnostizismus zum Synkretismus und so weiter. Jeden Tag entstehen neue Sekten und es realisiert sich das, was der heilige Paulus über den Betrug der Menschen sagt, über die Verschlagenheit, die in die Irre führt (vgl. Eph 4, 14). Einen klaren Glauben zu haben, gemäß dem Credo der Kirche, wird oft als Fundamentalismus hingestellt. Während der Relativismus, also das »hin und her getrieben Sein vom Widerstreit der Meinungen« als die einzige Einstellung erscheint, die auf der Höhe der heutigen Zeit ist. Es konstituiert sich eine Diktatur des Relativismus, die nichts als definitiv anerkennt und die als letztes Maß nur das Ich und seine Bedürfnisse lässt. (Joseph Ratzinger am 18. 6. 2005)

Seiner Predigt lassen sich fünf geradezu klassische Grundsätze entnehmen, zu deren Verständnis man weder Christ noch gar Katholik sein muss:

Grundsatz 1: *Wir wollen wieder Ordnung haben!*
In der Schriftstelle, die der Papst auslegt, spricht Jesus von Rettung, Heilung und Befreiung, von einem »Gnadenjahr« Gottes. Das widerstrebt dem ordnungsliebenden Purpurträger. Deshalb erinnert er daran, der Prophet Jesaja habe auch vom Jahr der Vergeltung geredet. Jesus meint: keine Vergeltung ohne Gnade, Ratzinger macht daraus: keine Gnade ohne Vergeltung, sonst (so seine ganz unjesuanische Begründung) werde das Böse banalisiert. Offensichtlich brechen ohne Unglücksszenarios fundamentalistische Weltbilder zusammen.
Grundsatz 2: *Ohne uns Gerechte geht die Wahrheit zugrunde!*
Ratzinger weiß sich von Katastrophen umstellt und belegt seine Untergangsszenarios mit wohlbekannten Etiketten. Selbst ideologisch bestimmt, spricht er in endloser Phantasie wörtlich von Ideologien, von Marxismus, Liberalismus, Libertinismus, Kollektivismus, Individualismus; Atheismus und Mystizismus, von Agnostizismus, Synkretismus und Sekten, von (deren) Betrug und Verschlagenheit; das eigene Ich nehme seine »Gelüste« zum Maß, es folge den »Wellen der Mode und der letzten Neuheit«, lasse sich hin und her treiben vom »Windstoß irgendeiner Lehrmeinung«. Kurz, es entstehe eine »Diktatur des Relativismus«. Dadurch entstehen Angst und eine Untergangsstimmung, von denen Ratzinger wohl selbst getrieben wird. An den Gesichtern der Kardinäle kann man ablesen, wie sie diese Lagebeschreibung geradezu erdrückt. Wer nur kann sie aus dieser Situation retten?

Grundsatz 3: *Wir, die Bedrohten, sind die Überlegenen!*
Zur Stärkung des eigenen Rettungsgebots aktiviert Ratzinger jetzt sein überlegenes Selbst- und Sendungsbewusstsein. Sanft spricht er von der Reife des Glaubens, von Jesu und Gottes Freundschaft, von der Freude des Erlöstseins und schließlich dem tröstlichen Geheimnis, den Auserwählten der Kirche (die hier repräsentiert wird) sei dies alles gegeben. Wohlgemerkt, nicht etwa alle Christen oder alle Getauften sind gemeint, sondern nur die »Apostel, Propheten, Evangelisten, Hirten und Lehrer«. Uns interessiert hier nicht, dass der Kirchenfürst bei dieser Aufzählung ausgerechnet die Schrift vergisst, an der auch die erwählten Amtsträger zu messen wären. Uns fällt auf, dass die Rettung der gesamten Welt einer kleinen Gruppe von katholisch geweihten Männern übertragen wird und nicht etwa einem breiten Kreis von Männern und Frauen, seien sie religiös, monotheistisch, christlich oder gar katholisch, sondern ausgerechnet dieser hier anwesenden, etwas überalterten Gruppe katholischer, mit Purpur geschmückter Amtsträger: »Wir sind Priester, um anderen zu dienen.« Das Missverhältnis von Kompetenz und Rettungsanspruch könnte schneidender nicht sein.
Grundsatz 4: *Die es besser wissen, werden zugleich siegen!*
Ratzinger bezieht sich auf Christi Himmelfahrt und deutet diese – nicht unbedingt im Sinne der Himmelfahrtsberichte – als Sieg über die genannten Bedrohungen, um gleich hinzuzufügen: »Der Sieger verteilt Geschenke.« Damit meint er wieder die weltrettenden kirchlichen Ämter. So präsentieren sich selbsternannte Erlöser als diejenigen, die im Grunde schon gesiegt haben und deshalb keiner Kontrolle mehr unterliegen. Welche Verkehrung von Dienstbereitschaft und Herrschaftswillen!

Grundsatz 5: *Unsere Werte überragen alle Werte der Welt!* Wogegen der Fundamentalist hier kämpft, ist klar: gegen falsches Wissen und falsches Handeln, Relativismus und Lüge. Sie hat er außer sich lokalisiert. Wofür zu kämpfen ist? Nach Ratzinger sind es keine irdischen Güter. »Geld, Gebäude und Bücher bleiben nicht, wohl aber die menschliche Seele und was in sie gesät werden kann.« In schlechter Allgemeinheit spricht Ratzinger dann von der Liebe, der Erkenntnis und der Geste, die das Herz zu berühren vermag. Mit dem allem aber ist nichts gemeint, was ich hier und jetzt als menschliche Hilfe spüre. Er meint recht jenseitig das Wort, das die Seele »der Freude des Herrn öffnet«. Er versteht es als eine Frucht, die die Erde vom Tal der Tränen in einen Garten Gottes verwandelt. Ratzingers gute Absicht steht hier nicht zur Debatte, wohl aber der missliche Verfremdungs- und Vertröstungseffekt, den diese Trostrede auslöst. Sie entzieht nämlich den Tröstenden jeder Kontrolle und hält das Drohpotential eines himmlischen Richters aufrecht. Sie schließt den Kreis zwischen projizierend misstrauischer Fremdkritik und selbstgewisser Immunisierung. Er hält einen Prozess wachsender Polarisierung in Gang, der auch wirklich in Gang getreten ist.

Weitere Diskussionen erübrigen sich und die Konfrontation mit wirklich Neuem wird als wahrheits- und menschenfeindlich verpönt. Exemplarisch seien genannt: neue Erkenntnisse von Human- und Naturwissenschaften, unerwartete Optionen einer emanzipierten Sexualität, Einsichten in die Schuldgeschichte von Christentum und »christlichem« Abendland, die epochenlang verdrängten und verschwiegenen Ansprüche von Frauen, der Aufschrei der unterdrückten Völker in Lateinamerika und – nicht zuletzt – die Denkzwänge einer hellenistischen Philosophie, die man (als Christologie, Heils- oder Gotteslehre verkleidet) noch immer der Welt auferlegen will. Genannt sei schließlich die Diskriminierung anderer Konfessionen und Religionen, die Kardinal Ratzinger (unter dem anmaßend wirkenden Titel *DOMINUS IESUS*) im Jahr 2000 formulierte. Man kann den Fundamentalismus – christlicher oder muslimischer, nationalistischer oder rationalistischer Prägung immer auch als eine Geschichte der Verdrängung, der Angst vor dem Andern, der Denkfaulheit oder schlicht als Instrument eigenen Machterhalts begreifen. Dass er so gesehen immer auch zur Versuchung aller anderen wird, die sich dem Fundamentalismus weit überlegen fühlen, bedarf keiner eigenen Begründung. Deshalb entzieht dem Fundamentalismus nur wirksam den Boden, wer sich den Beziehungen, dem Andern und dem Neuen öffnete, bevor fundamentalistisches Denken überhaupt zum ersten Mal an die eigene Tür klopft.

2. Wer hütet die Menschenrechte?

Für sein Programm fand Kardinal Ratzinger höchste Bestätigung. 36 Stunden nach seiner entlarvenden Predigt war er zum Papst gewählt und vom ersten Tag an brannte sich seiner Amtsführung diese fundamentalistische Programmatik ein. Gemäß Grundsatz 1 wurde sein Regime durch einen – von Angst und Rechtsbedürfnis gesteuerten – Ruf nach Korrektheit und Ordnung gesteuert. Man wollte und konnte nicht mehr warten, suspendierte deshalb alle Differenzierung. Gefordert wurde ein starker Mann mit schlüssiger Welterklärung. Dann war Benedikt XVI. dabei, Ordnung zu schaffen. Nicht nur Theologinnen und Theologen, sondern auch Frauen und Männer aus Seelsorge und Sozialarbeit wurden mit Sanktionen belegt, selbst der Dachverband amerikanischer Frauenorden unter Kuratel gestellt, später selbst unliebsame Bischöfe entlassen (William Morris [2011], Róbert Bezák [2012]).

Weltweit hat dieser Papst die römisch-katholische Kirche mit einer *Hermeneutik des Misstrauens* und detaillierter Kontrollen überzogen. Rom maßte sich an, Wort für Wort selbst die liturgischen Gebete asiatischer Länder (Kirchenlieder eingeschlossen) zu überprüfen. Zugleich baute man die Bastionen gegen die Mächte von Unwahrheit, Relativismus und Lüge aus, rief Jahre der Missionierung und Neuevangelisierung aus und stärkte als Gegenbewegung hochreaktionäre Kräfte (Opus Dei, Legionäre Christi). Bis an die Grenzen der Selbstverleugnung versuchte er, selbst mit der von Lefebvre begründeten »Bruderschaft Pius X.« ins Reine zu kommen.

Gemäß Grundsatz 2 wurde Ratzingers Amtsführung vom überhöhten Selbstbewusstsein des Theologieprofessors Ratzinger geprägt, den man wegen seiner kontinuierlichen Schreibtätigkeit einen Teilzeitpapst nannte. Wie alle Ideologen verwechselte er einen zielgerichteten und menschennahen Pragmatismus mit welterklärender Spekulation. In seinen Jesusbüchern schlug er noch einmal die ideologischen Schlachten der 1960er und 1970er Jahre, indem er die wirklich neuen Fragen ignorierte, nicht einmal seinen eigenen Machtapparat, die Kurie, als zeitgemäßen Apparat zu lenken wusste und übersah, dass er seine eigene Kirchengemeinschaft mehr und mehr polarisierte, statt auf deren Fragen zu reagieren.

Gemäß Grundsatz 3 und 4 haben sich die Gewichte dorthin wieder verschoben, wo die Kirchenleitungen ihre angestammte Überlegenheit suchen und vermeintlich finden. Verstärkt stellen sie sich als die Lehrer und Hirten der Kirche dar. Dabei stehen ihre Amtsansprüche nach traditionell katholischen Regeln auf schwachen Füßen. Mit welchem Recht beanspruchen sie eigentlich die Funktionen, für die sie kaum legitimiert sind? Ferner breitet sich ein Sakramentalismus aus, der das Wort ignoriert und in antireformatorische, vorkonziliare Positionen zurückfällt. Nur wer die prophetischen Wurzeln des Christentums verdrängt, kann sich so blind auf den aktuellen Sakramentalismus fixieren lassen – ein Sakramentalismus, der über kurz oder lang mangels Inhalts, also kraft blanker Selbstbehauptung in sich zusammenstürzen muss.

Trägt aber die Gemeinschaft von national, kulturell, sozial und spirituell so vielfältigen Kirchen diese fundamentalistische Amtsattitüde der übernationalen, monopolistisch agierenden Zentrale? Gewiss, mit Fundamentalismus konnte Papst Benedikt diese Gemeinschaft innerlich nicht einigen. Fünfzig Jahre nach Konzilsbeginn war sie polarisierter denn je. Aber noch immer konnte er zahllose Anhänger um sich scharen, auch wenn mangels nachkommender Priester die klassische Seelsorge zusammenbricht. Zudem sind römisches Kirchenrecht und römische Kirchenstruktur in hoch effektiver Weise auf fundamentalistische Lösungsansätze zugeschnitten. Mehr noch, die römisch-katholische Kirche hat das erste ausdrückliche System der Wahrheit und der Weltinterpretation entwickelt, das man fundamentalistisch nennen kann, auch wenn es diesen Namen damals noch nicht gab. Darüber wird später zu sprechen sein.

Das Problem scheint mir zu sein: Auch nach dessen Amtsverzicht ist Ratzingers Programm unserer Gesellschaft näher, als ihm lieb sein kann. Das schafft ein *paradoxes Ver-*

hältnis, denn dieser Papst war kein Freund der Demokratie. Bei jeder Gelegenheit relativierte er deren Wert und zog sich immer wieder auf das sattsam bekannte Diktum von W.-W. Böckenförde (1976) zurück, der freiheitliche, säkularisierte Staat lebe »von Voraussetzungen, die er selbst nicht garantieren kann«. Für Ratzinger schien klar zu sein, nur das Christentum – genauer gesagt: nur die amtliche Verkündigung der Kirche – könne diese Werte liefern. Das sagte das Oberhaupt einer Kirche, deren Unterschrift unter die europäische Menschenrechtskonvention (seit 1953 in Kraft) bis heute noch fehlt. Schon aus historischer Perspektive war diese Behauptung fragwürdig. Nicht ohne absurde Züge war deshalb die päpstliche Rede vor dem Deutschen Bundestag (22. September 2011), die von vielen als Oberseminar empfunden und recht beliebig nach eigenem Gusto interpretiert wurde. Papst Benedikt appellierte – mit unangemessenen Avancen für die Grünen – an eine fragwürdige Naturrechtstheorie, statt dem Bundestag für die ethisch hochstehenden Debatten (etwa zu Fragen der Präimplantationsdiagnostik) zu danken, die er z. B. zwei Monate zuvor geführt hatte. So tat er genau den Eliten vieler Staaten Unrecht, indem er sich faktisch über sie stellte und ihnen ihr eigenes Recht auf Wahrheit und ein wohlorientiertes Gewissen entzog, statt mit ihnen auf Augenhöhe ein Gespräch zu führen oder vielleicht auch einmal als Fragender aufzutreten.

Hintergrund seines Auftretens waren ja Ratzingers frühere Äußerungen zu Reformation, Aufklärung, Französischer Revolution oder zeitgenössischer Theologie, die er alle über den Leisten einer gleichlautenden Kritik schlug (Abkehr von griechischen Wurzeln und katholischer Kirche) und von denen er behauptete, sie hätten schließlich zu einem kinderfeindlichen, Homophilie fördernden und nekrophilen Europa geführt, nachdem es den Schoß des Katholizismus verlassen hat.

Mit solcher umfassend konservativen Denkungsart stieß Papst Benedikt aber innerhalb und außerhalb der Kirchen auf eine breite Sympathie neo-konservativer Kräfte. Er wusste sich bei jenen Kräften Rückhalt zu verschaffen, die – mit oder ohne religiösen Hintergrund – alte Orientierungskräfte wiederbeleben oder neu entdecken wollten. Die für Ratzingers Theologie so unnachgiebige, geradezu eifernde Konzentration auf die klassische Gestalt des christlichen Glaubens lässt sich ein auf eine Koalition mit konservativ gesinnten, gar säkular denkenden und argumentierenden Kräften. Entscheidend war für ihn, dass sie den kulturellen Entwicklungen genauso distanziert gegenüberstehen und ebenso einen wachsenden Orientierungsverlust beklagen.

So kann man sich fragen: War die Kritik dieses kirchlichen Oberhaupts wirklich christlich oder religiös motiviert, oder gab sie einer säkular konservativen Kritik nur eine religiöse Gestalt? Denn unbestreitbar ist: Die bisherige römische Kirchenleitung wurde gar nicht auf Grund ihrer eigenen Motive, sondern nur als Wortführerin einer allgemeinen Grundstimmung so ernst genommen. Heute können sich Intellektuelle und Politiker durchaus zu Freunden und Kampfgenossen Benedikts zählen, wenn sie unserem demokratischen Bewusstsein mehr traditionelle Bindung und äußere Orientierung wünschen. Die Motive solch neokonservativer Stimmung sind leicht nachvollziehbar. Die Orientierung in unserer Gesellschaft mit ihrer rasanten inneren Differenzierung, ihren vielfältigen interkulturellen Öffnungen und den explodierenden Globalisierungsprozessen ist höchst kompliziert geworden und ruft zu allen Emanzipationsbewegungen reaktionäre Gegenströmungen hervor. Die Signale einer massiven geistigen und körperlichen Bedrohung sind nicht zu leugnen. Neben den vielen kreativen und zukunftsweisenden Antworten ruft dies auch Antworten hervor, die sich in bloßer Reaktion erschöpfen. Individual- und sozialpsychologisch ist dies leicht erklärbar: Subjektive Probleme werden nach außen projiziert (schuld an allem sind Zeitgeist und Gesellschaft), die Vergangenheit wird in goldenes Licht getaucht und religiöse Weltinterpretationen ersetzen das nüchterne Maß der Gegenwart.

3. Moderner Konservatismus

Wenn man den Warnungen Ratzingers glaubt, neigt die nachkonziliare Kirche dazu, sich abzuschaffen. Genau besehen hat diese Angst aber keine genuin christlichen oder theologischen, sondern allgemein menschliche Wurzeln. Vermutlich unterliegt der Theologe Ratzinger in seinem frommen gesellschaftskritischen Elan einer Selbsttäuschung. In seiner unbarmherzigen, geradezu irrationalen Kritik an der Befreiungstheologie in den 1980er Jahren ging er nur mit seinen eigenen, vorzüglich verdrängten politischen Motiven ins Gericht. Ihn störte nicht, dass lateinamerikanische Theologen der Politik ins Handwerk pfuschten, sondern dass deren zukunftsorientierten und änderungswilligen Ziele seinen eigenen Idealen widersprachen, denn diese waren immer schon an der Vergangenheit ausgerichtet. Wenn seine Biographen ihn richtig interpretieren, melden sich Ratzingers erste konservative Regungen, als die Adenauer-Ära zu Ende ging.

Seine große theologische Wende begann in dem Augenblick, da die nachkonziliare Kirche mit dem gesellschaftspolitischen Umbruch der 68er Jahre Fühlung aufnahm. Wie bei seinen theologischen Mitstreitern H. de Lubac (1896–1991) und H. U. von Balthasar (1905–1988) lässt sich seine Wende schlüssig nicht aus neuen theologischen Einsichten, sondern aus einem tief sitzenden Konservatismus erklären. In sich sind alle angeführten theologischen Argumente ambivalent und hätten auch andere Schlüsse zugelassen. Papst Benedikt fürchtete immer, dass die katholische Kirche seiner Kinder- und Jugendjahre dabei sei, sich abzuschaffen. Er hielt sie für die endgültige Institution. Dabei ist es nur die hellenistisch-platonische Kirche eines Augustinus (354–430), die Trägerin der abendländischen Kultur im Sinne Benedikts von Nursia (480–547) und die Tradentin griechischer Ontologie im Sinne eines Thomas von Aquin (1225–1274), der Hort genialer römischer Macht- und Rechtskonstruktionen. Es ist die große institutionelle Klammer des westlichen Europa vom 4. bis zum 16. Jahrhundert, die sich im Barock noch einmal einen strahlenden Höhepunkt verschafft, sich in Architektur, Musik und Liturgie in glorioser Weise entfaltet.

In all dies hatte er sich verliebt, all dies war zum Teil seiner Identität geworden und diese Kirche vergangener Zeiten wollte er in neu-byzantinischer Prachtentfaltung wieder aufleben lassen. Schaffte sich in Ratzingers Innenwelt nicht eine Kirche ab, weil deren kulturelle und soziologische Voraussetzungen verschwanden? Und stand er nicht den vielen anderen nahe, für die sich – ebenfalls aus Gründen kultureller Differenzierung – das Abendland, Europa oder Deutschland abschaffte? Auch sie schildern in glühenden Farben Krisen und Katastrophen, Kriege und wirtschaftliche Zusammenbrüche, die Zerstörung von Umwelt oder Familie, Überfremdung oder Verarmung, moralische Beliebigkeit oder sexuelle Perversion.

Diese Gedanken berühren nicht nur die Oberfläche seines Denkens, sondern haben sich Stück um Stück durch sein gesamtes Theologie- und Lebenskonzept durchgearbeitet und berühren das katholische Selbstverständnis, bis hin zum Verständnis der Schrift als der Grundlage des christlichen Glaubens. Selbst an diesem Punkt hat er den Fachleuten seiner Kirche und den vielen anderen die Vertrauensbasis entzogen, die vom Neuen Testament und seiner Jesusbotschaft her neue Orientierung gewonnen haben. So behauptete er in seinem Jesusbuch (I, 10), die historische Jesusforschung stelle den Menschen Jesus »so ganz anders« dar als die Evangelien. Das ist ebenso Fundamentalismus reinsten Wassers wie die unschuldig klingende Behauptung: »Für meine Darstellung Jesu bedeutet dies vor allem, dass ich den Evangelien traue« (I, 20). Er unterstellt damit (der Kontext macht es deutlich), dass die historisch forschenden Exegeten den Evangelien dieses Vertrauen entzogen hätten. Wie die Fundamentalisten anderer Konfessionen wirft er Schutzwälle gegen eine vermeintlich gefährliche Schriftauslegung auf. Jungfrauengeburt und Gottheit Jesu, seine Wunder und Auferstehung, Homosexualität und Ehemoral ragen als bevorzugte Streitthemen heraus, auch wenn er sie bisweilen anders begründete.

Plausibel wird die theologie- und kirchenpolitische Linie von Papst Benedikt nicht aus theologischen oder spezifisch christlichen, sondern aus diesen geschichtlichen Zusammenhängen, auf die er in erzkonservativer Weise reagierte. Deshalb sollte in diesen Ausführungen nicht Ratzingers Theologie oder Kirchenpolitik einer internen Kritik unterzogen werden. Ich wollte an ihnen illustrieren, was es mit den Motiven und Zielen des Fundamentalismus auf sich hat, und dass sich das Denken und Handeln des demissionierten

Papstes als herausragende Illustration für den Fundamentalismus der westlichen Kultur eignet.

4. Einer Versuchung begegnen

Kommen wir zur Frage des Fundamentalismus zurück. Zunächst ist zu verstehen, warum der Fundamentalismus – lange bevor er sich zu selbstständigen Ideologien oder Gewalttaten ausdifferenziert – als Verlockung beginnt, sich zur unausgesprochenen Sehnsucht erweitert, um dann zu einer Art prädisponierenden Haltung aus früheren Verformungen herauszuwachsen. Zunächst bietet er sich an als der vermeintlich einfachste Weg, um zu Orientierungen und klaren Lebensregeln, auch zu Weltinterpretationen zu kommen. Wo genau die Schwelle von einer verlockenden Möglichkeit zu einer ersten Entscheidung überschritten wird, müssen Psychologen entscheiden. Ebenso die Frage: Beginnen fundamentalistische Reaktionen nicht dann, wenn man sich den unerwartet neuen, als andersartig erfahrenen Herausforderungen einfach verschließt, statt sich einem neuen Kapitel von Fragen zu stellen? Beginnt Fundamentalismus dann, wenn ein Individuum oder eine Gruppe seine bisherige Identität nicht mehr auf die Probe stellen möchte? Die soeben untersuchte Predigt von J. Ratzinger konnte illustrieren, wie dieser Weg angesichts gegenwärtiger Weltprobleme funktioniert:

– Statt differenziert und mit rationaler Geduld Gefährdungen zu analysieren, gibt man sich *Angst-* und Fluchtreflexen hin.

– Statt sich dem Unerwarteten und Andern zu stellen, wird alles Neue und *Unbekannte,* gleich ob bedrohend oder einfach ungewohnt, als Gefahr verurteilt. Jeder Fundamentalismus teilt die Welt in gut und böse ein; ein Panikreflex tritt ein. Diese Panik lässt sich durch das Orientierungsangebot von autoritären Personen auffangen. Sie laden nicht zum Nachdenken oder zur Kooperation ein, sondern zum Befolgen der abhelfenden Anweisungen etwa einer starken Persönlichkeit, einer Vaterfigur, eines autoritären Politikers oder einer geheiligten Führungsperson.

– Jetzt erst findet der Fundamentalismus von einer allgemeinen Neigung zu seiner konkreten Form. Diese ist immer *asymmetrisch*, denn immer schält sich aus einer größeren Gemeinschaft eine kleinere Gruppe von sendungsbewussten Deutern und Handlungsführern heraus. Angesichts der Krisensituation erfahren sie sich als eine Gruppe von Auserwählten. Sie vertreten eine auserwählte Ideologie, die es erlaubt, der verwirrten Welt mit Autorität und massivem Wahrheitsanspruch gegenüberzutreten. Fundamentalistische Wortführer sind immer messianisch und autoritär auftretende Verkünder, die im Namen einer höheren Erkenntnis, Wahrheit oder Gottheit auftreten. Sie präsentieren sich als die Verfolgten und verstehen sich als die Erlöser der Mitverfolgten, vor deren Weisungsrechten das Recht auf Zögern, Differenzieren oder eigenes Denken verstummt. In der katholischen Kirche fällt im Augenblick die Gruppe der fundamentalistisch Erwählten mit der sakral tabuisierten Hierarchie zusammen.

– Die Asymmetrie bemisst sich nach dem Maß, in dem eine Gruppe von »Mitläufern« den Auserwählten gegenübersteht. Ihr Verhalten ist weniger festgelegt, wird aber stark von der Gesamtkonstellation der Auseinandersetzung mitbestimmt. Als schweigende Mehrheit bleiben sie zunächst abwartend oder neutral, bis ein Krisenmoment Entscheidungen erzwingt. Dann lassen sich die Grade der aktiven Partizipation steigern. Erst dann kommt es zu einer *Polarisierung* mit denen, die den fundamentalistischen Lösungen offen widersprechen oder widerstehen. Erst in dieser Polarisierung entfalten sich differenziert die polarisierenden Inhalte.

– Von der Gesamtkonfrontation bestimmt, bildet die fundamentalistisch agierende Gruppe immer ein strenges Sieges- und ausgeprägtes *Überlegenheitsbewusstsein* aus, denn notwendigerweise sind Fundamentalisten davon überzeugt, dass die Geschichte, die Gesellschaft oder Gott ihnen irgendwann recht geben wird. In jedem Fall agieren sie im Namen einer höheren Sendung und fordern das Recht, das Handeln und das Denken ihrer Mitstreitenden zu bestimmen. Sie verstehen sich als die Wohltäter der Gesellschaft; dafür ist ihnen kein Opfer zu groß, auch wenn es gegebenenfalls das Blut und die Schändung menschlicher Würde erfordert.

5. Reaktion auf Orientierungsverlust

Hier stehen wir wieder an einem kritischen Punkt, der die häufige Nähe von Fundamentalismus und Religion plausibel macht. Ich gehe von der These aus: Fundamentalismen reagieren immer auf Macht- oder Orientierungslosigkeit, sobald also Lebensfähigkeit und Identität bedroht sind. Wer von dieser Bedrohung und Verlustangst getrieben wird, entwickelt einen Sog zu Leidenschaft und Totallösungen, zur Überschreitung konventioneller Lebens- und Daseinsgrenzen, in Grenzfällen bis hin zu Gewalt und Brutalität. Fundamentalisten sehen sich nicht als Teil jener Zustände, die in ihren Augen versagen, sondern treten ihnen als deren Kritiker, bisweilen als deren Zerstörer gegenüber. Damit verletzen sie eine der Grundregeln einer jeden überzeugenden Religion: Prinzipiell schließt jede Aussage über Menschsein und Gesellschaft den Sprecher mit ein; wer also Mensch oder Gesellschaft kritisiert, übt zugleich Selbstkritik. Dass diese Regel meist missachtet wird, ist keine harmlose Angelegenheit, sondern ein Türöffner für eine destruktive Mentalität. Deshalb sollten wir auch keiner Verharmlosung Vorschub leisten. Schließlich ist der Fundamentalismus kein theoretisch-hermeneutisches Konstrukt, sondern eine vitale und höchst vielschichtige Erscheinung, die das Leben von Menschen und Gesellschaften massiv prägen, ändern oder zerstören kann.

Fundamentalismen spaßen nicht, Beispiele dafür sind Legion. Wir kennen Frauenphobie und den Frauenhass, der sich – von frommen Christen bis hin zu den Taliban – durch Religionen und Kulturen zieht. Wir kennen die tödliche Instrumentalisierung religiöser Interessen, zahllos vollzogen im Streit zwischen Hindus und Sikhs, Orthodoxen und Muslimen, Muslimen und Katholiken, Katholiken und Protestanten. Da gibt es einen verborgenen Fundamentalismus, der diese Katastrophen zumindest duldet oder propagiert; man denke nur an Irland oder die Balkankriege. Wir kennen das Unheil, das gewaltwillige Muslime im Rahmen aktueller politischer Auseinandersetzungen in vielen Ländern anrichten, seien es die Selbstmordattentate in Afghanistan und in anderen Ländern, bis hin zum Massenmord am 11. September 2001; wir kennen die unsinnigen Gewaltakte von Sunniten gegen Schiiten, aber auch die geduldete Gewalt gegen sozial oder moralisch Deklassierte in »christlichen« Gesellschaften. Wir kennen das gewalttätige Verhalten von

Abtreibungsgegnern, die unter Berufung auf die Bibel Ärzte mit dem Tod bedrohen, wenn nicht gar gleich erschießen. Wir kennen aber auch die römische Kirchenleitung, die Mitchristen schon dann exkommunizierte, wenn sie an der Priesterweihe einer Frau teilnahmen, die Schwangerschaftsberatung in Sachen Abtreibung kompromisslos diskriminierte oder unter Androhung schwerer Sanktionen die Empfehlung von Kondomen verbot und sich damit des Todes von zahllosen Frauen schuldig machte. In all diesen Fällen war der Fundamentalismus nicht die Antwort auf eine unmittelbare Bedrohung (die man als Notwehr akzeptieren könnte), sondern auf eine Verunsicherung der eigenen Identität, auf die Konfrontation mit dem Ungewohnten, die Erfahrung des Andern, das mein Lebenskonzept verunsichert. Fundamentalismus in diesem verselbstständigten Sinn ist immer ein zur Routine gewordenes Handeln. Er liefert seine Selbstrechtfertigung mit, indem er den Kontext und die Mittel seines Handelns von einer selektiven Zielbestimmung abtrennt.

Solche Fundamentalismen sind zwar in Religionen zuhause und leben als Parasiten religiöser Leidenschaft, aber streng genommen sind sie *kein religiöses Phänomen*. Allerdings sind sie – wie Blasphemie, Weltflucht, Wissenschaftsfeindlichkeit oder destruktive Machtpolitik – eine unausrottbare Nebenerscheinung, und Religionen können sich dafür nicht aus der Verantwortung stehlen. Mehr noch, wir wissen: Keine der großen Religionen ist vor Fundamentalismus, dessen Pressionen und Gewaltausbrüchen gefeit, keine schützt sich umfassend vor Selbstgerechtigkeit und keine der großen Weltreligionen schreckte bislang konsequent vor Gewalt oder Gewaltlegitimation zurück. Im Gegenteil, ihre Geschichten sind angefüllt mit sublimen und offensichtlichen Gewalttaten und Grausamkeiten. Heilsgeschichten schlugen in Macht- und Herrschaftsgeschichten um, die oft beschworene Lebens- und Menschenliebe der Religionen schlägt regelmäßig in Lebenshass um.

Allerdings bleibt unsere Definition von Fundamentalismus auch hier unscharf. War soeben von Fundamentalismus oder einfach von Gewalt und Grausamkeit die Rede? Hier herrscht weiterer Klärungsbedarf. Denn zumal aus theologischer und religionswissenschaftlicher Perspektive ist Fundamentalismus ja kein empirisch abgrenzbares Phänomen, er lebt aus übergreifenden individual- und sozialpsychologischen Haltungen. In ihm spiegelt sich die Kehrseite eines Satzes aus der *Bergpredigt.* Nach ihm beginnt die Ermordung von Mitmenschen nicht mit einem Tötungsplan, mit der versuchten oder vollendeten Tat, sondern mit dem Zorn auf sie und mit ihrer Beschimpfung. Der Fundamentalismus liefert den Beweis für den Sinn dieses Satzes: Wer sich den Zorn auf Mitmenschen genehmigt, wird ihn schließlich töten. Wer sich geschichtlichen Änderungen einfach verweigert, wird ihre Existenz ignorieren. Ähnliches gilt für die Denkverbote, die um der vermeintlichen Wahrheit willen etabliert werden. So gibt es vor den äußeren Taten des Fundamentalismus immer auch den inneren, der sich in Haltungen äußert. So gesehen läuft die Frage nach dem religiösen Fundamentalismus parallel zur Frage: Wieso zeigen die großen Weltreligionen so viel Affinität zu Gewalt? Warum zeigen ausgerechnet das Judentum, das Christentum und der Islam je auf ihre Weise ein so gewalttätiges Gesicht? Wie also unterscheiden sich Gewaltbereitschaft und Fundamentalismus?

Eine weitere Beobachtung könnte zur entscheidenden Antwort führen. Religiöse Gewalt gab es schon immer, den

Begriff des Fundamentalismus gibt es erst seit Beginn des vergangenen Jahrhunderts. An sich beweist ein neuer Begriff noch nicht die Neuheit der Sache. Doch wirkt er als Indikator für ein neues Phänomen. Fundamentalismus im strengen Wortsinn ist ein *Phänomen der Moderne*, die spätestens im 19. Jahrhundert eine breite wissenschaftliche und gesellschaftliche Wirkung entfaltet. Sie verändert unseren Blick auf die Realität von Welt und Wirklichkeit: Sie ist nicht einfach vorgegeben oder gewachsen, sondern unterliegt zeitlichen Bedingungen, kann also geplant und verändert, rationalen Regeln unterworfen werden. Im politischen Raum entstehen nach der Französischen Revolution (1789) liberale und konservative Optionen. Für die öffentliche Geltung von Kirchen und Religion hat dies bedrohliche Auswirkungen. Es treten vier Merkmale hervor, mit denen sich der Fundamentalismus bis heute noch nicht versöhnt hat, weil er aus einem Widerspruch zu ihnen lebt:

1. Die selbstverständlich vorgegebene, d. h. »objektive« Geltung von religiösen Aussagen gerät massiv unter Druck. Der früher selbstverständliche Gedanke einer »absoluten« Wahrheit oder Religion wird nachdrücklich bestritten oder *relativiert*. Wer weiterhin in den Kategorien von Antike, Mittelalter oder Reformation denkt, sieht den Glauben an Gott prinzipiell bedroht. Hat eine objektive Religion in der modernen Epoche überhaupt noch einen Platz?
2. Schon ein Blick in die Geschichte Europas zeigt: Die großen philosophischen und religiösen Weltinterpretationen – bislang unbestritten und unveränderlich – unterliegen ständigen Änderungen, die von schärfsten inneren Widersprüchen gekennzeichnet sind. Bis in die Gegenwart hinein wird dieser *geschichtliche* Wandel von immer neuen (evolu-

tiven, organischen und psychischen, sozialen, kulturellen und ideologischen) Bedingungen aus beleuchtet. Hat eine Religion überhaupt noch einen Sinn, wenn sie ihren absolut übergeschichtlichen Charakter verliert?

3. Zur Geschichtlichkeit des Christentums kommt die unabweisbare Existenz konkurrierender Großreligionen hinzu. Die Relativität und *Pluralität* der Religionen bestätigen einander. Damit wird der Ausschließlichkeitsanspruch bestimmter Religionen auch in gesellschaftlichen Kontexten brüchig. Eine notgedrungene Toleranz rückt zur neuen Fundamentaltugend auf, wie sie Lessing exemplarisch demonstriert. Kommt Religionen unter diesen Bedingungen noch eine normierende Autorität zu?

4. Diese Erfahrungen von Relativität, Geschichtlichkeit und Pluralität erzwingen einen *neuen Denkstil*, der rational wertet, begründet und auf detaillierte Sachargumente, also auf eine interne kritische Rekonstruktion der Religionen setzt. Diese Weichenstellung hat den traditionellen Begriff des Glaubens (»auf Autorität hin für wahr halten«) auf ein Abstellgleis geführt. Konfrontiert diese Entwicklung nicht auch den Glaubensdiskurs in eine Diktatur des Relativismus?

Relativierung, Pluralisierung und kritische Rekonstruktion stellen Glauben und Theologie vor neue, eben typisch moderne Formen der Auseinandersetzung, und viele Glaubensvertreter haben sie noch nicht begriffen. Kulturelle oder politische Machterweise reichen nicht mehr, wenn sich eine Religion als authentische und wahrheitsfähige, gar als unübertroffene Kulturform erweisen will. Nein, beim Erweis von Macht und Wahrheit mischt jetzt im Namen der Vernunft eine weitere Instanz mit, nämlich der sachbezogene, gesellschaftsübergreifende Diskurs. Er fordert Begründungen ein (Aufklärung), gewährt Räume für eine plurale Offenheit (Toleranz) und misst den Selbstanspruch an der selbstkritischen Rekonstruktion der eigenen Geschichte (Selbstreferenz). Nur in dieser dreifachen Dynamik lassen sich Religionen vernünftig einordnen. Dabei verliert platte Selbstbehauptung an Überzeugungskraft, weil sie von der kommunikativen Vernunft einer Gesellschaft abhängig wird.

Christ oder Nichtchrist: Wer sich bislang mit diesen Umbrüchen nicht aus eigenem Interesse beschäftigt hat, mag sich spätestens jetzt überrollt fühlen von der Langeweile abstrakter Spekulationen. Trotz höchster Aktualität machen solche Überlegungen einen weltfernen Eindruck, denn den Kirchen ist es weitgehend gelungen, sie von den Gläubigen fernzuhalten. Man will sie nicht verunsichern, riskiert aber einen Abgrund von Missverständnissen, verharrt noch in vormodernen Sprachspielen und setzt auf einen Katechismus, der die gestellten Fragen abblendet oder verharmlost. *Konstruktive Innenkritik* (z. B. von Eugen Drewermann, Hubertus Halbfas, Hans Küng und anderen) wurde nicht verarbeitet, sondern mit Sanktionen belegt, dies mit katastrophalen Folgen. Dies zeigen die bizarren, aber wirkungsreichen Bücher von Richard Dawkins (*Gotteswahn* [2006]), Christopher Hitchens (*Der Herr ist kein Hirte* [2007]) oder Sam Harris (*Das Ende des Glaubens. Brief an ein christliches Land* [2007]). Mit enormem Aufwand kämpfen sie gegen brüchige Windmühlen. Ihre Gottes-, Menschen- und Weltbilder sind spätestens im 17. Jahrhundert angesiedelt, von der Fachtheologie seit vielen Jahrzehnten schon zurechtgerückt und korrigiert. Dennoch wirken sie – zumal im angelsächsischen Raum – wie ultimative Keulenschläge, die den Unsinn des Glaubens endgültig zertrümmern.

Jetzt endlich hilft diese Hinhaltetaktik nicht mehr. Denn was in der Aufklärung mit dem Ächzen der Balken des Glaubenshauses begann und im 19. Jahrhundert zur Räumung der ersten Seitentrakte führte, bringt allmählich das Kerngebäude zum Einsturz. Zum ersten Mal ist in Deutschland die Weitergabe der Glaubenstradition nicht mehr gesichert und zum ersten Mal denken die Großkirchen ernst über massive Rückzugspläne nach. Im katholischen Raum bricht die klassische Seelsorge zusammen und erste Aufrufe zum Ungehorsam werden laut. Dagegen helfen auch keine päpstlich liturgischen Großdemonstrationen, die einen neuen Fundamentalismus vor Augen führen.

So wird klar: Bislang konnten Gesprächsverweigerung nach innen und Diskriminierung nach außen die Reihen noch mühsam geschlossen halten. Solch pure Selbstbestätigung reicht nicht mehr aus. Es reicht nicht mehr, mit Macht und Gegenbehauptungen zu reagieren, vielmehr müssen dem herausfordernden Argument überzeugende Gegenargumente, ein Zugeständnis oder eine vernünftige Differenzierung folgen. Wer immer noch ruft: »Recht haben wir!«, oder: »Gott ist groß!«, oder: »Euch da draußen steht kein *Recht* der Beurteilung zu!«, entlarvt nur noch die eigene Schwäche. Zwar flüchten unsere Fundis – hierarchisch geadelt oder nicht – immer mehr in das übergeordnete Stockwerk einer geheiligten Wissenschaft, doch die Gläubigen stimmen auf ebener Erde mit den Füßen ab. Zukunft hat nur eine Kirche, die von ihrem Fundamentalismus endgültig Abschied nimmt.

IV. Erfindung und Folgen des Antimodernismus

> Wenn man das Höllentor verschließt, ist dann der Teufel tot? Wenn man die Fundamentalisten-Website abschaltet, ist dann der Fundamentalismus weg? Schön wär's. ... Die deutschen katholischen Fundis sind noch immer lebendig. (DIE ZEIT vom 06.12.2012)

Diese Sätze von Evelyn Finger werfen ein Schlaglicht auf die unterschiedlichen, kaum vergleichbaren Verhältnisse zwischen dem Protestantismus der USA und dem Katholizismus in Deutschland. Der Vergleich mag unangemessen erscheinen, denn der Fundamentalismus ist auch im deutschen Protestantismus und Weltprotestantismus zu Hause, aber er lässt sich nur schwer bestimmten Konfessionen oder Denominationen zuordnen. Deshalb hat der Blick auf diese profilierte Glaubensform in den USA eher einen paradigmatischen Charakter. Trotz aller Differenzierungen erscheint der Fundamentalismus dort als eine starke, relativ geschlossene und selbstständige Bewegung, oft eigenen Rechts. Sie gibt sich ihre Gestalt in eigener Vollmacht, wird von anderen Glaubensgenossen nicht kontrolliert und ist zu einer wichtigen politischen Kraft des Landes geworden. Wohl oder übel wird sie von den Mitbürgerinnen und Mitbürgern (Christen oder nicht) akzeptiert.

Hier, in Deutschlands römisch-katholischer Kirche, erscheinen die »Fundis« als eine nahezu verlorene und ungeliebte Gruppe von *Außenseitern*. Trügt dieser Schein? Sie genießen das verstohlene Wohlgefallen einiger Bischöfe und setzen hinter den Gardinen (bislang durch die Unterstützung Roms) Manches durch, sind aber nur schwer greifbar. In den USA meldet sich diese Bewegung als ein hochwirksamer, politisch vernetzter Faktor der zivilen Gesellschaft zu Wort. Er bietet ein breites Reservoir von religiösen und gesellschaftspolitischen Konzeptionen, wird in Rundfunk und Fernsehen von publikumsfreudigen und starken Figuren repräsentiert. In Deutschland hingegen wirkt eine Gruppe von namenlosen Personen (vermutlich nur Männer), die sich vor dem Gesetz verstecken müssen. Verdienen sie überhaupt denselben Namen?

1. Von oben verordnet

Von Fundamentalismus ist in der römisch-katholischen Kirche nur selten die Rede, denn in ihrer Selbstdarstellung kennt sie keine fundamentalistische Tradition. Gibt es ihn wirklich nicht oder trägt er nur andere Namen? Weil sich im Protestantismus die Bewegung auf die Bibel beruft, gilt das Problem des Fundamentalismus im Katholizismus als gelöst. Das ist eine Täuschung. Die allgemeine Meinung lautet: Im katholischen Raum ist die Frage der Schriftinterpretation von alters her erkannt und beantwortet, denn das »Lehramt« dieser Kirche (also Bischöfe, Konzilien und Papst) wacht über die Schriftauslegung und schließt widerstreitende Regelungen aus. Was aber folgt daraus? Der anerkannte Theologe Wolfgang Beinert (*Christentum und Fundamentalismus*, 1992) zieht den Schluss, in der katholischen Kirche gebe es keinen Fundamentalismus und könne es keinen geben. Doch damit unterliegt er einer schwerwiegenden Täuschung und vielleicht wurde ihm der Wunsch zum Vater seines Gedankens. Die Verteidiger Roms haben zwar recht, dass von einer programmatischen Bibeltreue keine Rede ist. Allerdings können sie seit der Reformationszeit auch kaum behaupten, der offizielle Katholizismus gehe angemessen mit der Bibel um.

Man kann sich aber fragen: Wie geht denn die römisch-katholische Kirche offiziell mit der Moderne um, die nicht gerade in hohem Ansehen steht? Vielleicht trägt der katholische Fundamentalismus nur einen anderen Namen und die Unfehlbarkeit wurde nicht zum Testbegriff der Schrifttreue, sondern der Treue zum Papst. Deshalb sei darauf hingewiesen, dass es neben der römisch-katholischen Kirche auch die christ- oder alt-katholische Kirche gibt. Diese zeigt erfolgreich, wie man auch ohne Papstfixierung katholisch sein kann.

Auf den ersten Blick agiert die römisch-katholische Kirche ihren Konflikt mit der Moderne viel undramatischer und weniger mühsam aus als der nordamerikanische Protestantismus, der viele Jahrzehnte erst mühsam mit sich und der zerrütteten Identität seines Landes kämpfen musste. Keine aufwendige Schriftenreihe ist nötig, deren Erstellung fünfzehn Jahre benötigt und die in Millionen von Exemplaren verteilt werden muss. Ein Paukenschlag genügt und der Fundamentalismus, so mag es scheinen, hat seine volle und strahlende Gestalt gefunden. Keine Basisarbeit muss in einer verwirrten Szene erst Ordnung schaffen. Es ist *Pius IX.*, das Oberhaupt der Kirche selbst, der sich in seiner langen Regierungszeit (1846–1878) der Frage gründlich annimmt und Nägel mit Köpfen macht; in Rom wird die Schlacht vierzig Jahre früher als im Bibelgürtel Amerikas geschlagen. Pius IX. trägt den Konflikt am eigenen Leibe aus. In den ersten Jahren seines Pontifikats leitet der noch liberale Kirchenfürst weltweite Reformen ein, aber bald wird ihm klar, dass er der letzte Papst-König, der letzte unbeschränkte Souverän eines eigenen Staatswesens ist. Unter seiner Regierungszeit bricht der Vatikanstaat zusammen (1870), nachdem sein Herrscher schon zuvor zwei Jahre in Gaeta, 130 km von Rom entfernt, hat verbringen müssen.

So erfährt der stolze Tiaraträger die für ihn einschneidenden politischen Folgen der Moderne, und den Rest seiner Jahre sieht er sich als Gefangenen im Vatikan, nachdem er alle angebotenen Garantien von Seiten des Staates abgelehnt hat. Die ihm persönlich angetane Schmach quittiert er, indem er den italienischen Katholiken die Teilnahme an der ersten demokratischen Wahl des Landes verbietet. Drastischer lässt sich die Unverträglichkeit zwischen Papstkirche und Moderne kaum dokumentieren, und es bedarf keiner weiteren Begründung dafür, dass der Papst sich mit dieser neuen Zeit höchst kritisch auseinandersetzt. Dies führt zu zwei wegweisenden Entscheidungen:

– 1864 veröffentlicht der Papst eine Liste mit achtzig Aussagen, die er als inakzeptable Irrtümer anprangert (*Syllabus errorum*). Dazu gehören philosophisch-theoretische Aussagen wie Pantheismus und Rationalismus, Gesellschaftstheorien wie Sozialismus und Kommunismus, ferner Thesen, die die gängigen Rechte und Privilegien der katholischen Kirche einschränken, aber auch die wenigstens bedingte Anerkennung des Protestantismus und das Recht auf freie Religionsausübung, ein wahrer Rundumschlag. Diese *Generalabrechnung* mit Geist und Forderungen der Neuerer (so wurde der Syllabus verstanden) zeigt: Die Auseinandersetzung mit der Moderne verläuft auf einer anderen Ebene als in protestantischen Kreisen. Die Schrift ist zwar nicht bedeutungslos. Doch der entscheidende Widerspruch entzündet sich nicht an ihr, sondern an den unveräußerlichen Rechten und dem Wahrheitsmonopol der Kirchenleitung, die man vorbehaltlos mit der Kirche als solcher identifiziert. Erst zwanzig Jahre später beginnt auch im Katholizismus ein hartnäckiger Kampf um die Deutung der Schrift und um die Ergebnisse der historisch-kritischen Exegese.

– 1870 kommt es zur epochalen Positionsbestimmung, die die Gesamtkirche einbindet. In dem Augenblick, da der Papst seine weltlichen Würden verliert, bestätigt das Konzil (I. Vaticanum, 1869/70) ihm als Nachfolger des Petrus, als Hirten und Lehrer der gesamten Kirche, seinen einzigartigen Vorrang vor allen anderen Bischöfen und vor allen Gläubigen (Primat), seien sie katholisch oder nicht. Ferner stellt es mit dogmatisch endgültigem Anspruch fest: Dem Papst kommt in Fragen des Glaubens und der Sitte ein endgültiges und *unfehlbares Definitionsrecht* zu, gegen das keinerlei Berufung mehr möglich ist. Mit letztmöglicher Entschiedenheit und Rechtskraft hat der Papst jetzt nicht nur das Recht zur Dogmatisierung von Sätzen, sondern auch das Recht zu deren endgültiger Deutung; er hat in Glaubenssachen die Kompetenz der Kompetenz. Dieser Unfehlbarkeitsanspruch päpstlicher Aussagen (vom Konzil offiziell festgelegt) sendet gegenüber der Moderne dieselbe Botschaft aus wie der Unfehlbarkeitsanspruch der Schrift im protestantischen Fundamentalismus.

Zwar wirkt die römische Entscheidung apodiktischer und massiver als die des Fundamentalismus, der nie eine definierende oder rechtsprechende Instanz ausgebildet hat (oberster Richter ist die Schrift), doch faktisch haben beide Ansprüche auf die Moderne dieselbe Wirkung. Sie wirken wie kategorische Stoppsignale, haben aber eine gemeinsame Gegnerin, können also in trauter Zweisamkeit durch das 20. Jahrhundert marschieren. Bibel bzw. Lehramt sind nicht mehr zu belehren. Sie brauchen mit der Moderne in keine qualitative Beziehung einzutreten, sind auf Grund neuzeitlicher Einsprüche also zu keinerlei Differenzierung oder Selbstkorrektur verpflichtet. In beiden Fällen wird der faktische Konservatismus (die Bibel- bzw. die Lehrtreue) früherer Jahrhunderte zu einer bewussten und gewollten Entscheidung erhoben, obwohl inzwischen andere Lösungen möglich wären und in den Kirchen auch durchgespielt wurden.

Im Blick auf die Entstehung kann man die Gegenüberstellung wagen: Im Protestantismus ist der Fundamentalismus von unten gewachsen und hat sich allmählich institutionalisiert, was allerdings die intensive Mitwirkung von Kirchenleitungen und Theologie nicht immer ausschloss. Im Katholizismus hingegen wurde der Fundamentalismus von oben dekretiert, was seinerseits die intensive Mitwirkung von Theologen und engagierten Gläubigen durchaus einschloss.

2. Die Institution im Zentrum – was ist die Moderne?

Doch aus zwei Gründen geht diese Gleichung so bruchlos nicht auf. Zum einen agierten und reagierten viele »einfache Gläubige«, die vormodernen Lebenswelten verhaftet waren, eben noch traditional, nicht in bewusster Reaktion auf eine moderne Denkkultur. Man holte sie in fundamentalistische Lager, bevor ihnen die Tragweite ihrer Entscheidung klar werden konnte. Diese Unschärfe der Situation wiederholt sich bis heute bei Jugendlichen, die ihre Lebensentscheidungen nur unvollständig reflektieren, umso begeisterter aber unausgereiften Idealen folgen. Die bislang reflektierte Idealsituation eines bewussten, sozusagen lupenreinen

Fundamentalismus trifft nicht immer zu. Deshalb bleibt die primäre, psychologisch naheliegende *Versuchung* zum Fundamentalismus ein ernstes Problem. Es ist nach wie vor wichtig, Gespräche zu führen und Überzeugungsarbeit zu leisten, die Gesprächspartner nicht auf ihre Lücken, sondern mit Respekt auf ihre wirklichen Fragen und ihre Dialogbereitschaft anzusprechen. Wer Fundamentalisten mit Überlegenheit abweist, wirkt selbst fundamentalistisch.

Zum andern verliefen die Wege zur Modernitätsabwehr in Katholizismus und Protestantismus genau umgekehrt. Der protestantische Fundamentalismus konnte von Anfang an auf zahllose Einzelentscheidungen und auf ein gewachsenes Gruppenbewusstsein zurückgreifen, deshalb auch auf einen missionarischen Geist verweisen. Oft haben Erlebnis und Zeugnis persönlicher »Bekehrung« über den neuen Weg entschieden. Dies kann die Grenzen einer Kirche sprengen; es kann helfen, neue zu gründen, oder in eine freikirchlich offene Situation führen. Das einzelne Ereignis entscheidet mehr als eine institutionell dauerhafte Bindung. In jedem Fall haben protestantisch fundamentalistische Bewegungen die traditionellen Kirchenverbände enorm belebt, zugleich belastet und oft gesprengt. Hingegen ging das katholische Nein zur Moderne von vornherein von der Kirchenleitung aus und wurde zu einer ungeahnten Zentralisierung des Gemeinschaftsbewusstseins und zur massiven Stärkung der Institution genutzt. Die Einzelnen liefen dieser Abwehrbewegung immer hinterher, denn die amtlichen Begründungen und die Strategien waren, wie sich zeigen wird, von Anfang an entschlossen und offensiv. Die protestantische Abwehrfront bildet Gruppen, die katholische Parallelbewegung eine schlagkräftige Armee. Die Befehlsketten funktionieren und Aktionen sind offiziell geplant.

Mit welchem Recht aber wird die Primats- und Unfehlbarkeitsdefinition von 1870 hier mit dem Aufkommen des Fundamentalismus in Beziehung gesetzt? Werden da nicht zwei Welten – die Bedürfnisse einer verunsicherten Gesellschaft und der Machtanspruch eines Kirchenapparates – in einen Topf geworfen? Es gilt, den Fundamentalismus von seinem gesellschaftlichen Engagement her zu verstehen.

Weiter oben wurde schon die Frage gestellt, was denn den Fundamentalismus vom gängigen Konservatismus unterscheidet. Es liegt, so die vorgetragene These, in der prinzipiellen und bewussten *Abkehr von der Moderne*, also von all den befreienden und zugleich beängstigenden Entwicklungen, die damit verbunden sind. Jetzt wird die Natur empirisch erforscht (Naturwissenschaften) und die Vergangenheit gemäß menschlichen Interessen und Zielen gedeutet (Geschichtswissenschaft), werden Texte mit historischen oder naturwissenschaftlichen, später mit ideologiekritischen Fragestellungen interpretiert (Geisteswissenschaften, kritische Exegese). Jetzt wird gefragt: Wie können wir das konkrete Zusammenleben – allmählich in den abstrakten Rahmen menschlicher »Gesellschaft« gestellt – nach rationalen Prinzipien fördern und vielleicht ändern (Soziologie, Politik als erlernbare Kunst)?

Die Modernisierung ist ein Prozess von vielleicht 300 Jahren, der nacheinander verschiedenste Dimensionen unserer Kultur und Gesellschaft ergreift und selbst zu neuen – wunderbaren und destruktiven – Wirkungen führt, dies in Kunst, Literatur, Gesellschafts- und Religionskritik, in gewaltsamen Revolutionen (man denke an die Französische Revolution als ein klassisches Beispiel für die Moderne) und rational angezettelten Kriegen.

So ist die Moderne selbst ein kompliziertes, vielleicht umstrittenes Kunstwort, weil sich ihr neues Lebensgefühl und ihre neue Lebenswelt so vielfältig äußern, also auf keinen einfachen Begriff zu bringen sind. Erst im 19. Jahrhundert erreichen all diese Änderungen in den Industrialisierungsprozessen des 19. Jahrhunderts nicht nur die urbane, sondern auch die arbeitende Bevölkerung und die Landbevölkerung. Heute lässt sich erkennen:

– Modernisierungsprozesse lassen sich nicht abschließen, sondern rufen nach Fortschritt; im Augenblick münden sie umfassend in Prozesse gegenseitiger *Globalisierung* ein.

– Umfassend lassen sie sich am ehesten so charakterisieren: Eine *Schicht des Bewusstseins* und eine Schicht gezielter Gestaltung legen sich über die gesamte Wirklichkeit, die uns ursprünglich als naturständig, als faktisch gewachsen und als unreflektiert begegnete.

– Selbst die *Fragen nach Gott* und Gottes Handeln unterliegen diesem unmerklichen Umbruch. Auch hier stellen sich Fragen des subjektiven Bewusstseins ein: Entspricht Gott wirklich unserer Vorstellung und den Zwängen unserer Sprache? Können Glauben und Denken ihn/sie wirklich erreichen? Wenn Gott denn der ganz Andere ist, müssen dann die Bilder anderer Religionen nicht auch akzeptabel sein?

Dies alles sind Reaktionen auf eine beschleunigte und sich differenzierende Lebenswelt. Sie zwingt und befähigt dazu, nachzudenken über die Veränderungen und die Vielfalt gesellschaftlicher und kultureller Erscheinungen, über konkrete Zukunftsplanungen, über Fragen von Macht und gegenseitiger Abhängigkeit, Glück und über das, was den Menschen schadet oder nützt.

– Deshalb ruft diese neue Lebenswelt dazu auf, fragwürdige Überzeugungen zu relativieren und ungerechte Lebensverhältnisse zu ändern. Die Moderne fordert unsere *moralische Verantwortung* auf einer zweiten Ebene heraus, denn neben die Pflicht des Bewahrens tritt unweigerlich die des Gestaltens.

– Eine angemessene Reaktion auf die Moderne kann deshalb nicht einfach die Bejahung all ihrer Folgen sein. Deshalb ist auch die *Verneinung* bestimmter Folgen nicht einfach als Fundamentalismus zu diskriminieren. Aufgabe ist es, gemeinsam zu neuen humanen und nachhaltig förderlichen Gleichgewichten zu kommen.

Die unterschiedliche Thematik und die verschiedene Sprache sollten uns nicht verwirren. Der Charme des protestantischen Fundamentalismus besteht darin, dass er sich der unmittelbaren Vielfalt konkreter biblischer Konfliktpunkte gestellt hat: Diskutiert werden dort möglichst konkret die Prozesse von Schöpfung oder Evolution, von Sintflut oder Jungfrauengeburt, die Realität von Wundern oder die Frage, ob und wie Jesus Christus einen Toten erweckt, selbst auferweckt wird oder am Ende der Zeiten wiederkommt. Solche Diskussionen mag man oft als banal und ärgerlich empfinden, aber sie bleiben anschaulich und weichen den (vermeintlichen) Fakten nicht aus. Sie machen die (vermeintlichen) Verteidiger der Bibel auch verletzlich. Denn sie wissen, in welches Gestrüpp der Meinungsvielfalt oder empirisch belegbaren Wissens sie sich begeben. In manchen Diskussionen fordern sie auch die Wissenschaft dazu heraus, nicht allzu forsch neue Thesen in die Welt zu setzen. Doch selten wird ihre Kritik gehört; die Denkansätze klaffen zu sehr auseinander. Anders läuft der Diskurs auf katholischer Seite.

Die katholische Paralleldiskussion verläuft bis heute auf einer mehr prinzipiellen Ebene. Gemäß dem neuen Zentralismus werden die Diskussionen zwar an vielen Orten (vornehmlich unter Fachleuten) geführt, gegebenenfalls aber von Rom strikt gesteuert. Schon 1893 beschäftigt sich eine *Enzyklika* mit der historisch-kritischen Exegese und stellt in gut protestantischem Sinne fest, dass alle Teile der Schrift vom Heiligen Geist diktiert sind, also gar nicht irren können (H 3292). Dann schlägt die Stunde des »Heiligen Offiziums« (der Vorgängerin der gegenwärtigen Glaubenskongregation) und ihrer nachgeordneten Behörde, der 1902 gegründeten »Päpstlichen Bibelkommission«. Sie greifen regelmäßig ein, indem sie die Antworten auf oft selbst vorformulierte Fragen veröffentlichen. Ihre Missachtung zog in der Regel strenge Sanktionen – etwa den Verlust eines Lehrstuhls – nach sich, zu denen die Betroffenen oft nicht gehört wurden.

Auf diese Weise hoffte man, innere Missklänge und Zweifel zu vermeiden. Dies führte auch dazu, dass ernste Fragen gleich gar nicht besprochen wurden. Wie man mit schwergewichtigen Abweichlern umging, kann man am Schicksal von Teilhard de Chardin (1881–1955), des berühmten französischen Jesuiten, Paläontologen und Mitentdeckers der Peking-Menschen sehen. Wichtige Bücher durfte er nicht veröffentlichen, die letzten Lebensjahre musste er in der Verbannung (USA) verbringen.

Bis in die 1940er Jahre äußert sich die *Bibelkommission* regelmäßig zur Geschichtlichkeit und Authentizität von Evangelien, biblischen Büchern oder einzelnen Schriftstellen, insbesondere zur Historizität der Schöpfungsgeschichte. Dabei herrschte bis 1943 ein (verkürzt gesagt) streng fundamentalistischer Rigorismus, bis Pius XII. (1939–1958) wiederum in einer Enzyklika wenigstens methodische Lockerungen zuließ. Zunächst war man begeistert, musste in der neuen Freiheit aber bald wieder die alten Grenzziehungen erkennen, denn an den dogmatisch geklärten Wahrheiten (etwa zum Stammvater Adam und seiner Erbsünde) durfte auch jetzt nicht gerüttelt werden.

Dieser Stil exegetischer Festlegungen bzw. Bevormundung mag Protestanten schon immer gewundert haben. Kann man die Bibel nicht selbst in die Hand nehmen und lesen, aus eigener Kompetenz über sie diskutieren? Katholiken jener Tage hätten das zwar nicht geleugnet (dass Katholiken die Schrift nicht lesen durften, ist ein Gerücht), aber sie ließen sich immer und gerne von offiziellen Auslegern leiten, die viel Beruhigung verschafften und gerne als Wirkung des Geistes akzeptiert wurden.

Umso mehr erstaunt in Sachen Bibel die inhaltliche Harmonie, die zwischen katholischen und biblisch fundamentalistischen Positionen herrscht. Die Lager sind sich näher, als ihnen lieb sein kann, und nur selten wird diese Gleichsinnigkeit der Geister zur Kenntnis genommen. Allerdings unterscheiden sich die Präsenz und die inhaltliche Wertung der Positionen stark, denn die dogmatisch wichtigen Fragen (Jungfrauengeburt, Sühnetod, leibliche Auferstehung und Wiederkunft) sind in der katholischen Kirche lange unbestritten, weil lehramtlich geschützt. Streng genommen glaubt man sie nicht deshalb, weil sie in der Bibel stehen, sondern weil der Katechismus sie lehrt. Erst in den vergangenen vierzig Jahren hat sich die Diskussion geöffnet, aber auch dagegen geht Rom mit aller Macht vor.

Gemäß dem katholischen System innerer Gewichtungen wurde die entscheidende *Auseinandersetzung* mit der

Moderne auf einem anderen Gebiet geführt. Die philosophische und systematisch-theologische Systematik war schon immer stark ausgebildet und erstarkt; die Lehre des Thomas von Aquin (1225–1274) wurde 1879 offiziell zur katholischen Doktrin erhoben. Von dieser Basis aus konnte man den Kampf von Ablehnung und Korrektur sozusagen direkter und mit philosophischen Mitteln führen. So war man säkularem Denken im Grunde näher, sprach unmittelbar von Sein und Erkennen, konnte erkenntnistheoretische Fragen verhandeln, über die großen Denker der Gegenwart diskutieren, Fragen nach dem Menschen und der Natur, der Gesellschaft und ganzen ethischen Systemen ausdebattieren. Man äußerte sich offensiv und oft kompetent (wenn auch vormodern) zum Verhältnis von Kirche und Staat, zu Freiheit und Würde des Menschen, zum Naturrecht und dessen ethischen Konsequenzen, eingeschlossen die umstrittenen Fragen der Ehe- und Sexualmoral, die man ohne Scheu vor Details zu behandeln wusste. Dass sich Rom so sehr für Einzelheiten des Sexuallebens interessierte, versteht sich aus der Absicht, den Einfluss über die Einzelnen bis in ihre Leiblichkeit hinein zu stärken. Es galt, auch die eigenen Schutzbefohlenen vor den Versuchungen der Moderne zu hüten. So gab es sorgfältige hochoffizielle Verlautbarungen zu Zwecken der Ehe (Hünermann, *Enchiridion* 3838), zu Empfängnisregelung (H 3148; 3748; 3917a), Sterilisierung (H 3760–3765; 3788), künstlicher Befruchtung und Geburtenregelung (H 3323; 3873a; 4470–4479), zu Verhütung (H 3750) und Abtreibung (H 3298; 3336; 3358; 4550–4552), zu Masturbation (H 3634; 3684) und Onanie (H 3185–3187; 3634; 3638), zum »halbierten« und »reservierten« Amplex [H 3660–3662; 3907]. Der Antimodernismus geriet zum Großprojekt, in dem die Kirchenleitung Roms die außerkirchliche Welt eindeutig belehren und die innerkirchliche bis ins Fleisch hinein lenken wollte. Diese Totalität des Ansatzes machten Faszination und Schrecken dieser Zeit aus. Sie glaubte Gutes zu tun, indem sie der Versuchung des Verfügens erlegen ist.

Allerdings war eine jede Äußerung Roms und der Bischöfe von der Überzeugung getragen, dass die Kirche es schon immer wusste und auch heute besser weiß als die Neuerer, sprechen ihre Repräsentanten doch immer und ohne jeden Vorbehalt in Gottes Namen. Auch wenn sie ihre Aussagen differenzierte, in historischen Urteilen vielleicht zur Differenzierung gezwungen war, stellte sie sofort klar, dass dies keine Korrektur, sondern nur eine nähere Erläuterung früherer Aussagen sei. Korrekturen hätten ihr Selbstbewusstsein schmerzlich gestört und würden es auch heute noch stören. Die Kritiker oder Kritisierten hätten ihre Meinungen höchstens falsch, oberflächlich oder so ausgelegt, dass die Gläubigen sich verunsichert fühlten, und nichts schien schlimmer zu sein als das. Wer nämlich beansprucht, eine ganze Epoche auf allen Gebieten zur Ordnung zu rufen und eine drohende Wahrheits- und Gotteskrise abzuwenden, kann sich eigene Irrtümer kaum leisten. Nein, er darf sie sich nicht leisten, wenn nicht das ganze Gebäude der Unfehlbarkeit einstürzen soll. Es ist dieselbe unnachgiebige Entschiedenheit, auf die man auch in fundamentalistischen Kreisen treffen kann. Allerdings wird nicht auf die Bibel, sondern auf Bischöfe und Papst gesetzt.

Athanasius contra mundum lautet ein altes Sprichwort: Athanasius, der Kämpfer für die Wahrheit gegen die Kaiserthrone. Nicht nur die Welt ist gegen ihn. Im Bewusstsein seiner Mission dreht er den Spieß um. Er versteht es, gegen die ganze Welt hinzustehen. Von einem unerschöpflichen Erneuerungs- und Belehrungsdrang getrieben (auch dies gehört zum Antimodernismus), explodieren im antimodernistischen Geist die offiziellen Diskussionen, die vom römischen Lehramt aufgegriffen oder angestoßen werden. Seit der Unfehlbarkeitsdefinition wird Rom immer kontroll- und *regulierungsfreudiger*; es hat, wie es scheint, den Stein der Weisen für alle Zeiten entdeckt.

Bei all dem macht die katholische Soziallehre – mit einer der berühmtesten Enzykliken überhaupt (*Rerum novarum* von Leo XIII., 1891) – eine rühmliche Ausnahme. Sozialfragen gerieten nie in fundamentalistische Strudel und wurden auch später immer wieder in zielführenden weiteren Rundschreiben (1931, 1961, 1963, 1981, 1988) aufgegriffen.

Seinen Höhepunkt aber fand die Auseinandersetzung mit der Moderne in drei zusammenhängenden Dokumenten: einem Dekret (1907), einer Enzyklika (1907) und einem Eid (1910), den bis 1967 alle angehenden Amtsträger bei verschiedenen Gelegenheiten zu leisten hatten. In Analogie zum *Syllabus errorum* zählte das Dekret in 64 Nummern die Irrtümer der »Modernisten« auf, die Enzyklika systematisiert in mehreren Kapiteln die vermeintlichen Grundirrtümer, und der »Antimodernisteneid«, der sich wie ein übersteigertes, mit Details überfülltes Glaubensbekenntnis liest, verlangt strengste Unterwerfung unter die Lehre der Kirche:

> Ich gelobe, dass ich dies alles treu, unversehrt und aufrichtig beachten und unverletzlich bewahren werde, indem ich bei keiner Gelegenheit, weder in der Lehre noch in irgendeiner mündlichen oder schriftlichen Form, davon abweiche. So gelobe ich, so schwöre ich, so wahr mir Gott helfe und diese heiligen Evangelien Gottes.

Drei Gesichtspunkte sind bemerkenswert: Die Gegnerschaft zur Welt erhält hier ihren Namen. Die römisch-katholischen Amtsträger werden strengstens gegen die Moderne verpflichtet und eingeschworen, die weitere inhaltliche Ausrichtung wird an das römische Regime delegiert.

1. *Gegnerschaft zur Welt:* Der Feind, der den christlichen Glauben bedroht, ist katholischerseits der »Modernismus«. Die Konstruktion dieses Systems, aus den Augen der Gegnerin klarsichtig konstruiert, ist in Rom geboren, aber die Angegriffenen, gar die Kritisierten aus den eigenen Reihen, haben sich darin erkannt. So beginnt eine eigene Geschichte der Demütigungen und Verletzungen, im Gegenzug auch eine Tradition selbstloser und blinder Unterwerfung. Aber die aufgegriffenen Streitpunkte zeigen die Kontur neuer Gedanken, die als modern gelten und wogegen auch die Fundamentalisten kämpfen. Könnten sie keine Verbündeten werden? Die Sprach- und die Argumentationswelten sind so unterschiedlich, dass man nur selten Gemeinsamkeiten entdeckt, zumal ökumenisches Denken kaum zur Stärke dieser Denkart gehört. Aber die Parallele der Mentalitäten und Ziele fällt auf. Beide suchen Orientierung an vormodernen Weltinterpretationen, Distanzierung von philosophischen, historischen und naturwissenschaftlichen Grundideen der neuen Zeit, ein hohes Sendungsbewusst-

sein, verbunden mit einer propagierten Überlegenheit über diese gefährlichen Neuerungen. In Konsequenz unterbrechen beide Lager bewusst den Dialog mit der so genannten Welt. Beider Haltung ist in vergleichbarer Weise fundamentalistisch und antimodernistisch zugleich.

2. *Maximale Verpflichtung* und Selbstverpflichtung aller Amtsträger: Oft hat die Kirche Streitfälle geschlichtet und ihre eigene Position bestimmt, um dann wieder zur Tagesordnung überzugehen. Das ist hier nicht der Fall. Die Kirchenleitung gibt ihr ausgleichendes Schiedsrichteramt auf, wie es dem Petrusdienst zukäme. Dagegen wirkt der Antimodernismus wie ein Unruhestifter oder Motor, der ständig sich selbst bestätigen und eine jede Aktion durch eine noch effektivere übertrumpfen muss. Man kann dies an der Ruhelosigkeit von Johannes Paul II. (1978–2005) mit 103 Auslandsreisen und dem Besuch von 130 Staaten verfolgen.

Damit steht er in der langen Tradition eines globalen Sendungsbewusstseins. Seit Beginn des 20. Jahrhunderts hat der Antimodernismus das Selbstbewusstsein der römisch-katholischen Kirche aktiv bestimmt und ihr in vielen Ländern Auftrieb gegeben. Denken und Handeln, Liturgie und Verkündigung, Lebensstil und Spiritualität waren davon bestimmt. Man baute Dome nach innen und Dämme nach außen. Man sicherte sich ab und versuchte, Bastionen zu erobern. In diesem Geist entstanden in deutschsprachigen Ländern und in den Niederlanden die katholischen Milieus, die sich zu eigenen Säulen der Zivilgesellschaft herausbildeten: Schul-, Gesundheits- und Freizeitwesen, die Bildung aktiver Jugend-, Männer- und Frauenvereine lagen oft in kirchlicher Hand. So gestaltete der Antimodernismus durchaus erfolgreich die Moderne mit.

Aber die feindbildende Ideologie muss erhalten bleiben. Sie ist auch heute noch in Gefahr, Motive der sachbezogenen Selbstlosigkeit zu überrollen. Erst der konziliare Aufbruch der 1960er Jahre unterbricht diese fragwürdige Kontinuität, ohne sie überwinden zu können. Die gegenwärtige Kirchenleitung setzt alles daran, den alten Antimodernismus unter neuen Vorzeichen wieder zu beleben. Unter Johannes Paul II. (1978–2005) und dessen Glaubenspräfekt Joseph Ratzinger (1981–2005) erreichen die lehramtlichen Dokumente einen bislang unbekannten Umfang und mit Hilfe der neuen Medien bleibt den Römern kein Vorgang innerhalb und außerhalb der Weltkirche mehr unbekannt. Nach dem Urteil vieler wird diesem Eifer– ähnlich dem biblischen Fundamentalismus der USA – eine neue Zukunft beschieden sein.
3. *Stärkung des kirchlichen Apparats:* Zwischen protestantischem und katholischem Fundamentalismus gibt es einen markanten Unterschied, der sich aus ihren verschiedenen Triebfedern ergibt. Der protestantische Fundamentalismus streitet bis ins letzte Detail um die Auslegung der Bibel, denn sie allein ist das unzerstörbare Fundament. Die katholische Kirche bindet ihren Antimodernismus streng an ihre eigene Autorität. Sie entdeckt erneut den Petrus der Gegenwart als Stellvertreter Christi, als unzerstörbaren, eben unfehlbaren Fels der Kirche. Der Eid, der die Amtsträger streng an die kirchliche Institution kettet, ist das symbolkräftige Symbol für die Rolle, die sie im Namen ihrer Kirche spielen. Seit 1870 präsentiert sie sich als die Antiinstanz gegen den Weltverfall schlechthin.

Seitdem propagiert sie ihre übernatürliche Herkunft, einzigartige Heilsbedeutung und universale Lehrkompetenz, ihre moralische Orientierung in den Wirren der Zeit. Die über den Städten thronenden Kirchen *Sacré Coeur* in Paris und *Sagrat Cor* in Barcelona sowie die riesige Jesusstatue über Rio de Janeiro symbolisieren diese Epoche. Diese antimodernistische Kirche stellt sich nicht nur dem Modernismus entgegen, sondern versteht sich als die heilende Antiinstitution zur Moderne, die durch den Corpsgeist von eingeschworenen Klerikergruppen vorangetrieben wird. Die Kirche erhält eine stellvertretende Funktion für die Heilsbotschaft Gottes. Je mehr die Säkularisierung voranschreitet, umso klarer versteht sie sich als eine Sonderorganisation, die wie ein Fremdkörper, aber auch wie ein Fels in den Stürmen der Welt steht. Darum ist die Liebe zur Kirche, dem mystischen Leib Christi, das entscheidende Gegengift gegen eine falsche, verführbare, hin- und hergetriebene Weltliebe. Es ist eine Liebe, die in glühender Papstverehrung Gestalt gewinnt und den päpstlichen Zentralismus als die Stärkung Christi interpretiert.

5. Ende einer Ideologie

Genau deshalb gibt es in der katholischen Kirche kaum Fundamentalisten, die Rom zur Ordnung rufen muss. Diese Kirche agiert selbst als *Institution gewordener Antimodernismus*, sprich: als fundamentalistische Institution schlechthin. So kann sich innerkirchlicher Widerspruch nur im Namen kirchlicher Erneuerung zu Wort melden. Konkret lautet er heute: Berufung auf das 2. Vatikanische Konzil, dessen Deutung inzwischen zwischen Reaktionären und Progressisten umstritten ist. Dies hat Papst Benedikt in eine absurde Situation geführt: Gegen diejenigen, die den weltdistanzierten Fundamentalismus noch weiter treiben wollen als Rom, konnte er sich nur noch wehren, indem er sie mit unsicherem Ausgang umarmte. Während sich die Sanktionen gegen reformgesinnte Katholikinnen und Katholiken dramatisch mehrten, wurde im Juni 2009 die Exkommunikation gegen die Bischöfe der reaktionären Piusbruderschaft aufgehoben.

Ein solch mildes und vergebungsbereites Vorgehen kannte man bislang nicht. Steht die Kirche an einer Wende des Abschieds von ihrem fundamentalistischen Erbe? Bedeutet der Rücktritt von Papst Benedikt eine Wende? In jedem Fall stehen Entscheidungen an. Der Unternehmensberater Thomas Nitschke-Collande stellte die Frage: *Schafft sich die katholische Kirche ab?* (2012) – und Hans Küng stellte ein Jahr zuvor die Frage: *Ist die Kirche noch zu retten?* (2011) Nitschke-Collande geht als Unternehmensberater mit katholischer Insiderkenntnis ans Werk. Hans Küng stellt die Vorfrage, woher die aktuellen unüberwindlichen Widerstände gegen einen jeden Reformwillen kommen. Diesen Wurzeln ist kurz nachzugehen.

Im Januar 2013 geisterten zwei Meldungen durch die Tagespresse, die die schwierige Situation illustrieren. Anlässlich der Bischofsweihe seines Sekretärs rief Papst Benedikt zum »Widerstand gegen eine feindselige Umwelt in modernen Gesellschaften« auf. Zugleich verwies ein deutscher Ortsbischof auf seine Fortschritte im innerkatholischen Gesprächsprozess und erklärte, dass er sich für einen »barmherzigeren Umgang« mit den wiederverheirateten Geschiedenen einsetze. Eine Arbeitsgruppe setze sich mit dieser »großen pastoralen Herausforderung« auseinander. Anderen Wünschen setze »das geltende Recht in unserer Kirche enge Grenzen«. Trotz dieser Nullansage behauptete er, dass »wir in der Kirche nicht nur reden, sondern auch handeln«.

Die erste Meldung gab den wohlbekannten Fundamentalismus wieder, den Papst Benedikt mit neuer Verve propagierte, indem er das gestörte Verhältnis zwischen Katholizismus und Moderne auf eine Formel des 19. Jahrhunderts brachte: Wir leben in einer feindseligen Umwelt. Wir sind zumindest von einem Relativismus bedroht, den Pius XII. schon 1950 anprangerte und der in den vorhergehenden Jahrzehnten als Agnostizismus beschrieben wurde. Was konkret damit gemeint war, zeigt eine Bemerkung aus *Licht der Welt* (2010, 71). Benedikt XVI. fand es inakzeptabel, »wenn man beispielsweise im Namen der Nichtdiskriminierung die katholische Kirche zwingen will, ihre Position zur Homosexualität oder zur Frauenordination zu ändern«. Für den Papst bedeutet das, dass seine Kirche »nicht mehr ihre eigene Identität leben darf, und dass man stattdessen eine abstrakte Negativreligion zu einem tyrannischen Maßstab macht, dem jeder folgen muss. Das ist dann anscheinend die Freiheit – allein schon deshalb, weil es die Befreiung vom Bisherigen ist.«

In seltener Klarheit macht dieses Zitat die *Unfähigkeit* des letzten Papstes deutlich, vom Menschenrechtsbewusstsein der Moderne zu lernen. Auch an diesem Punkt wirkte er als Beispiel für die antimoderne, also auch undemokratische Haltung der Kirche. Ratzinger misstraute der Freiheit des Gewissens, um deren Rückbindung an vorgegebene Inhalte er fürchtet. Er misstraute der Fähigkeit der Demokratie als einer Staatsform, die – gestützt auf eine zivile Gesellschaft – zu ihren moralischen Werten findet. Alan Posener hat 2009 dieses ernste Problem angesprochen (*Benedikts Kreuzzug. Der Angriff des Vatikans auf die moderne Gesellschaft*). Diese undemokratische autoritäre Haltung spiegelt sich in der autoritären Kirchenstruktur ebenso wider wie in der autoritären und kommunikationsarmen Amtsführung in Rom.

Doch interessiert hier nicht die Psychologie des ehemaligen Papstes, sondern dessen Verankerung im ideologischen Kirchensystem des Antimodernismus. Bis heute holt es sein Selbstbewusstsein aus der Unfehlbarkeitsdefinition von 1870, die ihrerseits in den damals modernen Kategorien von Rechtsprechung und rationaler Definition konzipiert ist. Diese Mutter aller Dogmen, die alle identitätsrelevanten Entscheidungen der Kirche ausdrücklich zu unveränderlichen, zeitlos gültigen und irreformablen Aussagen macht, wurde vom 2. Vatikanischen Konzil bestätigt, eher noch ausgeweitet. Damit ist und bleibt die katholische Kirche Roms der Mittelpunkt und die Hüterin der Wahrheit in einer Welt, die ihr in Kernfragen nichts zu sagen hat; gegebenenfalls kann sie auch die Menschenrechte ignorieren, weil andere sie falsch verstehen oder missbräuchlich anwenden. Gegen eine solche unbelehrbare, aus einem anderen Diskurs lebende Position können sich Reformappelle im Namen der Menschenrechte, der Nützlichkeit oder gesellschaftlicher Neuerungen nicht durchsetzen. Hier herrscht Fundamentalismus pur.

Dies wird von der zweiten Meldung bestätigt, obwohl diese viel offener klingt. Der Bischof übergeht die faktische Missachtung anderer Reformwünsche und verletzt damit eine Grundregel fairer Dialoge, ohne dass ihm dieser Mangel bewusst wird. Das einzige Reformvorhaben, das für ihn übrig bleibt, will er durch einen »barmherzigeren Umgang« mit den Betroffenen lösen. Es geht um die geschiedenen Wiederverheirateten, die bislang von den Sakramenten ausgeschlossen sind. So deutet er eine christliche Pflicht des Respekts zur verletzenden obrigkeitlichen Barmherzigkeit um. Schließlich setzt er anderen Wünschen das geltende

Kirchenrecht entgegen, um seinen Kopf so aus der Schlinge zu ziehen. Dabei müsste er mindestens erklären, warum er sich nicht einsetzt für die Änderung der einschlägigen Paragraphen oder sie missachtet, da sie mit der Botschaft Christi offensichtlich unverträglich sind.

Der tiefste Grund für die jahrelangen Reformblockaden, die die römisch-katholische Kirche bis auf ein unerträgliches Maß polarisieren, liegt – noch einmal sei darauf hingewiesen – in der fundamentalistischen Grundentscheidung von 1870, dem Unfehlbarkeitsdogma also, an dem bis heute kein Bischof zu rütteln wagt. Meist wird dies verschwiegen, wie man schicksalshafte Familiengeheimnisse eben verschweigt.

Wie aber sollte man es offen diskutieren, da es 1964 selbst vom hoch gepriesenen Reformkonzil übernommen und ausgeweitet wurde? Es ist zu wiederholen: Was nach römischer Interpretation je einmal in einem ausdrücklichen Akt von Konzil oder Papst oder durch einen faktischen weltweiten Konsens der Bischöfe unfehlbar festgelegt wurde, wird sich nie mehr ändern *lassen*, z. B. Jungfrauengeburt, Ordinationsverbot von Frauen, Wesensunterschied zwischen Priestern und »Laien«, Unauflöslichkeit einer gültig geschlossenen Ehe, Verbot der künstlichen Geburtenregelung oder Ablehnung der Homosexualität. Es hat keinen Sinn, dagegen zu protestieren. Wie soll unter solch absurden Verhältnissen überhaupt eine Kirchenreform zustande kommen? Sie kann nur beginnen, wenn diese Ideologie der Selbstgerechtigkeit und der Unbeweglichkeit fällt. Man erinnert sich: Dieses Konzil ließ sich in einem dramatischen Akt, aber unwidersprochen, von »höherer Autorität« eine verbindliche Erklärung mit dem Kernsatz ins Stammbuch schreiben: »Der Papst als höchster Hirte kann seine Vollmacht jederzeit nach Gutdünken ausüben, wie es von seinem Amt her gefordert wird.« Seitdem kann Rom die gesamte bischöfliche Führungselite auf Abruf entmächtigen, wenn päpstliches Gutdünken dies für angebracht hält.

Manche hielten dies für eine letzte Zuckung des autoritären Systems, aber sie sollten sich täuschen. Als Hans Küng im Jahr 1970 die Unfehlbarkeitsdefinition zur Diskussion stellte, zeigte sich bald, dass die Bischöfe ihre Vergangenheit noch nicht verarbeitet hatten. Unter solchen Voraussetzungen billigten am 6. Januar 1980 alle amtierenden Bischöfe der damaligen Bundesrepublik mit Unterschrift die Sanktionen, die in Sachen Unfehlbarkeit gegen Hans Küng ausgesprochen wurden. Für alle schien etwas Erstaunliches klar zu sein: Nur auf Grund der Unfehlbarkeit »weiß« jeder, »worauf er sich im Gott geschuldeten Gehorsam des Glaubens verlassen kann«. Welch fataler Irrtum!

Dieses Ereignis hat sich in das kollektive Gedächtnis der deutschen Bischöfe eingeschrieben und seitdem sitzt die deutsche Kirche mehr als andere in der Falle des Fundamentalismus. Wie eine Auseinandersetzung um die Frauenordination zwischen Georg Kraus (2011) und Bischof Müller (2012) exemplarisch zeigt, steht in allen umstrittenen Reformfragen (den Zölibat ausgenommen) dieses unfehlbare Lehramt im Wege. Man streitet nicht mehr mit inhaltlichen Sachargumenten, sondern *formal* um die kirchliche Lehrautorität. Solange aber dieser falsche und unbiblisch verstandene Petrusfels von Macht- und Prachtentfaltung nicht beseitigt wird, kann sich die römische Kirche keinen Millimeter bewegen, also keinen neuen Zugang zur christlichen Botschaft unter den Bedingungen der Moderne finden. Stattdessen erschöpft sie sich hoffnungslos im Hamsterrad ihrer selbstgestellten Voraussetzungen.

Vor diesem Hintergrund lässt sich auch der gegenwärtige Streit um das *2. Vatikanische Konzil* verstehen. Zu Recht fühlen sich die Konzilsverteidiger am Ende der antimodernistischen Periode, denn unter dem Einfluss dieses Ereignisses, das vor fünfzig Jahren begann, haben sich große Teile des Katholizismus für immer vom Panzer des vormodernen Herrschafts- und Theologensystems befreit. Aber zu Teilen blieben die Konzilsdokumente dem vorkonziliaren Antimodernismus und seinen antireformatorischen Tendenzen verhaftet. Darauf gestützt beharren einflussreiche Gruppen wieder neu auf einer reaktionären Konzilsinterpretation, wenn nicht gar tiefgreifenden Ablehnung aller erneuernden Schritte.

Natürlich war diese Entwicklung vorhersehbar, denn epochemachende Konzile zogen immer schon Abspaltungen nach sich, die oft viele Jahrhunderte überdauerten. Neu ist, dass sich Bischöfe und Papst dieses Mal nicht zu Wortführern der neuen Beschlüsse machen, sondern sich – nach Jahren des Hinhaltens und Zögerns – den Reaktionären zuwenden. Inzwischen versuchen sie, mit höchst autoritären Mitteln die Gesamtkirche weltweit und in allen Schichten (theologische und monastisch-spirituelle Richtungen eingeschlossen) auf eine vorkonziliare Leitlinie zurück zu zwingen. Für die Kirchengemeinschaft insgesamt haben sie aber keine Kehrtwende, sondern eine Polarisierung erreicht. Das Monopol des Fundamentalismus, das bis 1962 unbestritten war, ist also endgültig zerbrochen – und die altkatholische Kirche wird immer mehr zum Vorbild eines freien und geschwisterlichen Lebensstils im Namen der christlichen Botschaft.

V. Fundamentalismus und Gewalt

> Elija rief: Herr, Gott Abrahams, Isaaks und Israels, heute soll man erkennen, dass du Gott bist in Israel, dass ich dein Knecht bin und all das in deinem Auftrag tue. Erhöre mich, Herr, erhöre mich! Dieses Volk soll erkennen, dass du, Herr, der wahre Gott bist und dass du sein Herz zur Umkehr wendest. Da kam das Feuer des Herrn herab und verzehrte das Brandopfer, das Holz, die Steine und die Erde. Auch das Wasser im Graben leckte es auf. Das ganze Volk sah es, warf sich auf das Angesicht nieder und rief: Jahwe ist Gott, Jahwe ist Gott! Elija aber befahl ihnen: Ergreift die Propheten des Baal! Keiner von ihnen soll entkommen. Man ergriff sie, und Elija ließ sie zum Bach Kischon hinabführen und dort töten. (1 Kön 18, 36–40)

Anachronistisch gesagt: Mindestens einmal verhielt sich der menschenfreundliche und hochverehrte Elija aus dem 9. vorchristlichen Jahrhundert wie ein Fundamentalist, nicht im speziell evangelischen oder katholischen, sondern im säkularisierten Wortsinn, wie man ihn täglich lesen oder hören kann. Seine Leidenschaft war bewundernswert. Kompromisslos setzte er sich für den Jahweglauben ein; am Berg Karmel verhandelte er mit den Priestern des Baal und der Aschera, denn sie waren dem Enthusiasten nicht gleichgültig. Im Gegenteil, er zwang ihnen eine Machtprobe auf, die er glorreich gewann. Jahwe schickte auf den Altar und die Opfergaben des Elija das erbetene Feuer, das Gott Baal seinen Vertretern versagte. Gott hatte gesprochen und Elija sorgte für Ordnung: Elija ließ, wie schon erwähnt, vierhundertfünfzig Baalspriester im Namen seines Gottes niedermetzeln, das Volk aber pries Gott.

1. Elija – ein Fundamentalist?

Seit zwei Jahrzehnten hat diese Geschichte einen unangenehmen Wiedererkennungswert. Nach modernem Bewusstsein konnte Elija mit dieser Untat zwar seinen Gottesstaat erweitern, doch über Jahwe brachte er umso mehr Schande, als er Gottes Ehre erweitern wollte. Man hört das Volk fanatisch schreien: »Gott ist immer größer: *Allahu Akbar! Deus semper maior!*« Diese paradigmatische Geschichte schildert das Paradox aller fundamentalistischen Versuchung. Man will Gott und dessen Wahrheit unbedingt die Ehre geben, indem man ihn zur gigantischen Überfigur macht. Man stellt Eindeutigkeit her, indem man alles Relative verachtet. Man erreicht das Gegenteil aller guten Absicht, denn der Gepriesene wird zum rechthaberischen, gewalttätigen und gesprächsunfähigen Gott. Die Begriffe »fundamentalistisch« und »Fundamentalismus« wurden (wie der Begriff »Islamismus«) zu Inbegriffen von *Hass und Gewalt*, von Tötung, sinnlosen Suizidattentaten und von Massakern mit monströsen Ausmaßen. Dennoch hat der Schrecken der *twin towers* den Fanatismus nur noch angeheizt. Was für ein Spiel wird da zwischen den Weltreligionen, den monotheistischen insbesondere, gespielt?

Die Frage verlangt einige Antworten, denn keine der genannten Religionen hat die Gewaltorgien verdient, die unsere Epoche in ihrem Namen erleben muss. Alle Religionen, auf die wir uns hier beziehen, verstehen sich in ihren Idealen als Institutionen der Güte, der barmherzigen Gerechtigkeit oder der Liebe. Aber wer wollte es leugnen: Es ist ihre Pflicht, sich mit der Wirklichkeit und deren Grenzen auseinanderzusetzen, daraus beziehen sie ihre Kraft. So lassen sie sich in Gottes Namen auf die ständige Auseinandersetzung mit dem Bösen, mit den Enttäuschungen, Ungewissheiten und der Gewalt ein. Im vermeintlichen oder echten, im kurzsichtigen oder wohlerwogenen Widerstand gegen das Böse werden sie von diesem geradezu regelmäßig infiziert und überwältigt. Es gibt da keinen Sieg ohne schmerzliche Niederlagen. Jesus hat dieses Problem auf die paradoxe Formel gebracht, wir sollten dem Bösen keinen Widerstand leisten (Mt 5,39).

Zwischen Religion oder Fundamentalismus einerseits und der Gewalt andererseits scheint kein eindeutiges Kausalverhältnis zu bestehen. Die Frage lautet nicht: Warum und wie werden die Religionen zum Ursprung des Bösen? Sie lautet vielmehr: Wie und in welchem Maße gelingt es den Religionen wirklich, das Böse zu überwinden oder zu heilen? Wie lässt sich – religiös oder nicht – bestehende Gewalt reduzieren oder wenigstens in einen *Zirkel der Deeskalation* überführen? Allerdings sind es immer konkrete Menschen, die in Religionen bzw. in deren Namen handeln müssen und den Kampf mit dem, was nicht sein soll, existentiell aufnehmen. Wie bereits gesagt wurde, kann keine Religion besser sein als ihre Anhänger; denn es sind immer konkrete Menschen oder Gemeinschaften, die in ihrem Namen, in ihrem Kräftefeld oder zu ihrem Schutz handeln. Menschen, die nicht in sich ruhen, verlieren angesichts »höherer« Ziele ihr menschliches Maß.

So beginnen auch die destruktiven Dimensionen des Fundamentalismus immer mit Fragen nach *menschlichem* Verhalten; nur abstrakt lässt es sich in die Alternative »fundamentalistisch oder modern« einordnen. Genau genommen ist Fundamentalismus ein idealtypisch konstruierter, wenn auch hilfreicher Sammelbegriff, der Strukturähnlichkeiten von Institutionen und kollektivem Handeln auf den

Punkt bringt. Oft spiegelt er nur individuelles Handeln wider und lässt sich in Analogie dazu begreifen, aber nicht darauf reduzieren. Unter diesem Vorbehalt lassen sich – vom individuellen Verhalten her gesehen – drei Aspekte der Modernitätsverweigerung rekonstruieren:

1. Zur Debatte steht das Neue und *Ungewohnte* neuer gesellschaftlicher oder kultureller Entwicklungen, das immer Aufmerksamkeit auf sich zieht, also bewusst als Kontrast, mit Ärger oder Freude wahrgenommen wird. Es ist nahezu banal, darauf hinzuweisen: Schon aus Gründen physischer oder psychischer, neuronaler oder mentaler Arbeitsökonomie finden wir es einfach lästig, uns mit Neuem auseinanderzusetzen. Also weichen wir ihm aus, wenn kein Motiv zur Auseinandersetzung vorliegt. Zugleich weckt es die Neugier, weil es oft Unerwartetes und Bereicherndes zutage fördert. Dürfen wir Menschen verurteilen, die sich für die bequemere Lösung entscheiden – vielleicht dann, wenn sie den Ernst der Situation gar nicht begreifen? Dazu besteht kein Grund. Wo aber ist der Punkt erreicht, an dem eine verantwortliche Entscheidung zur Pflicht wird, die Bequemlichkeit also zum Vorwurf gereicht?

2. Die Moderne schafft nicht unbedingt neue faktische Verhältnisse, sondern ein neues Bewusstsein, das Distanz und neue Möglichkeiten kreiert, uns auch den Spiegel unserer Reaktionen vorhält. Also werden wir nicht einfach mit dem Neuen, sondern mit dem qualitativ *Andern* konfrontiert. Es verunsichert uns nicht nur, weil es ungewohnt oder unbekannt ist, unsere Bequemlichkeit stört oder ein primäres Misstrauen, unsere Flucht-, Angriffs- oder Panikreflexe mobilisiert. Es wühlt vielmehr von innen her auf; denn es erweckt das verdrängte und ungeliebte Andere, das – als

Schatten, gar als energieraubende Lichtseite – schon immer in uns wohnt und unsere Identität mitkonstituiert.

Wer etwa die Moderne nur als das gefährliche Andere (als Relativismus, Pluralismus oder beliebige Toleranz) interpretiert, verdrängt nur die Tatsache, dass wir schon längst in ihr leben. Wir sind ihre Kinder, Teil von ihr, gleich ob wir das Moderne in naiver Unschuld in uns tragen oder gedanken- und verantwortungslos neben ihr her leben, weil wir neben uns selbst her leben. Nirgendwo dokumentierte sich diese Spannung für mich stärker als beim twitternden Ratzinger-Papst, seinen liturgischen Massenevents, der cleveren Öffentlichkeitsarbeit des Vatikan oder seinen moralischen Aufrufen, bei denen das Papst- oder das Bischofsamt selbst aller Begegnung entzogen ist. Wie halten Kirchen oder Religionsführer diese Spannung aus? Zugleich sind wir gefragt, ob und wie wir diese Selbstkonfrontation bewältigen.

3. Zumal junge Menschen entwickeln bisweilen Lebenspositionen, die wie selbstverständlich fundamentalistische *Grundentscheidungen übernehmen*, die schon lange vor ihrem Lebensbeginn getroffen wurden. Sie werden in eine Gemeinschaft hineingeboren, die ihre Codes, Standards und moralischen Rechtfertigungen kennt. Als vorgegeben, vielleicht gottgewollt wird auch ihre Entscheidung gegen die Moderne erfahren; ihr Fundamentalismus wird diffus. Man denke an den protestantischen Fundamentalismus der dritten oder vierten Generation, der nicht mehr mit Kanzel und Mikrophon, sondern mit Internet und Facebook arbeitet, oder an die Anhänger der Benedictus-Generation, die sich (schon lange) nicht mehr mit alten Konzilstexten, sondern mit den neuesten Predigten Ratzingers beschäftigen. Ihre Verweigerungshaltung wird ihnen nicht mehr bewusst. Wie gehen wir damit um?

Aus diesen Gründen wird manche missglückte Konfrontation mit dem Neuen und dem Andern hingenommen, vielleicht (falls angezeigt) therapeutisch bewältigt. Aus solchen diffusen Reaktionen jedenfalls lebt jeder großräumige Fundamentalismus (sei er protestantisch oder katholisch, muslimisch oder vielleicht jüdisch, religiös oder säkular motiviert). Aber die Grenze des Akzeptablen tritt für mich dort ein, wo jemand Gewalt (sublim oder ausdrücklich) gedankenlos übernimmt und akzeptiert oder frei wählt. Von jedem erwachsenen Menschen ist zu erwarten, dass er Aggression, Verweigerung oder Gewalt als böse erkennt und dementsprechend handelt. In der Moderne ist nicht nur das verantwortliche Wissen um Weltgestaltung, sondern auch das Wissen um die Gewaltanteile des eigenen Handelns gegenwärtig. Auch beim Fundamentalisten muss das der Fall sein, sonst würde ihm das Problem der Moderne gar nicht deutlich. Zu besprechen sind also die Gewaltanteile und deren Vorstufen, die das Elijageschehen so eindrucksvoll illustriert.

2. In einer Welt des Widerstands

An natürlichen, geradezu notwendigen Vorstufen mangelt es nicht. Jeder Fundamentalismus, der irgendwann einen tiefgreifenden Wandel bekämpft und sich vorbehaltlos für eine bekämpfte Position entscheidet, trägt in sich einen Anteil von Widerstand und Zorn, von *Leidenschaft* und entschiedenem Beharrungswillen; er ist zu neuer Gestaltung des Glaubens und der Gesellschaft entschlossen. Psychologisch gesprochen ist dieser Widerstandswille ohne Gewaltanteile nicht denkbar. Deshalb will dieser Paragraph nicht urteilen, sondern verstehen.

Wir müssen also sehen, dass dieser Zorn in der Regel höchst verletzlich ist und immer etwas Unausgegorenes in sich trägt; Rechnungen sind immer zu begleichen. Wer Glück hat, kann sich in eine Gemeinschaft von Gleichgesinnten aufnehmen lassen oder sie sich schaffen. Vielleicht ist das in einer Farmersiedlung von Louisiana oder in einem Dorf auf Sizilien möglich, nicht aber in Los Angeles; nach aller Erfahrung widerlegt ihn die von ihm bekämpfte Wirklichkeit. Die Welt geht eben ihren von Industrie, Wissenschaft und vielen Kulturen geprägten Gang. Die Moderne – oder was er als solche kritisiert – ist diesem Kämpfer immer voraus. Sie versteht die Bibel anders, falls sie sich überhaupt darum kümmert, pflegt eine andere Moral, so offen, dass ein Fundamentalist sie oft als Unmoral begreift. Eine elegantere Glaubensinterpretation, der offenere Umgang mit anderen Menschen und konkurrierenden Vorstellungen schafft der Moderne zahlreiche Vorteile. Kurz: Die Moderne widerlegt ihre Kritiker ständig, sonst würde sie verschwinden und das fundamentalistische Widerlager mit ihm.

Dabei sind die Gewaltanteile, die sich da anhäufen, wahrscheinlich keine Besonderheit des Fundamentalismus und kein Fundamentalismus muss unbedingt gewaltsam sein. Aber für den Fundamentalisten sind sie unausweichlich und gegen seine Identität gerichtet. Es verwundert also nicht, dass alles antimoderne Handeln, aller Beharrungsdrang und alle spezifischen Zielsetzungen aus Reaktion und Widerstand geboren sind, also massive Verbitterung, Härten, Aggressionen in sich tragen. Wie gehen die Handelnden mit dieser Verführung um?

Zudem beschäftigen wir uns mit dem Fundamentalismus im Rahmen einer Religion, die immer mit Leidenschaft, mit intensiven und umfassenden Emotionen, mit Begeisterung, Liebe oder Hass zu tun hat. An sich ist das in Ordnung, denn eine Religion ohne Leidenschaft würde zu geistreicher Weltinterpretation oder zu einem selbstgefälligen Ritualismus degenerieren. Vielleicht hängt der Siegeszug des christlichen Fundamentalismus und des Antimodernismus innerhalb der Kirchen nur damit zusammen, dass im Westen die christliche Religion, sofern sie im Einklang mit der Moderne lebt, wirklich erkaltet ist, wie Safranski behauptet. So überlässt sie ihre Leidenschaft denen, die diesem Zustand widersprechen. Es findet keine Auseinandersetzung auf Augenhöhe statt und der Fundamentalismus hat keinen Widerpart mehr, der ihm den notwendigen Respekt abzwingt. Die weltoffenen und liberalen Formen von Christentum ergehen sich in Westeuropa mehr in wohlabgewogenen Klagen über den Zustand erlahmter Kirchen als in einer aufstrebenden Dynamik, die auch Außenstehende überzeugt. Das führt uns in einen Widerspruch. Wir fordern eine Leidenschaft, deren Folgen wir beklagen. Wie können wir diesen Widerspruch auflösen?

3. Beziehungslosigkeit oder Lebensbejahung

Kehren wir zu den anthropologischen Analogien zurück, die den Gewaltanteil noch einmal intensivieren. Überzeugte Fundamentalisten leben aus einer Entschlossenheit und aus existentiellen Entscheidungen, die sie – im Idealfall – überfordern und ihnen die Bereitschaft zu eingreifenden Nachteilen abverlangen. Im Christentum können sie damit eine ehrenvolle, aber auch gefährliche Tradition aufgreifen. Von den Blutlegenden der Apostel, über die oft idealisierte Epoche der Christenverfolgungen und das Zeitalter der Missionen, bis hin zu den Terrorsystemen des 20. Jahrhunderts hat sich das Blutzeugnis immer neu als ein großer Maßstab des Christseins durchgesetzt, der das Phänomen der Gewalt zur ehrbaren Regel macht. Andere Religionen kennen vergleichbare Mechanismen, die Einzelne aus der Masse der Glaubensgenossen heraushebt. Besonders dramatisch zeigt sich die *Faszination* dieses Belohnungssystems heute bei Suizidattentätern, denen ein Platz im Paradies garantiert ist und die im Gedächtnis der Hinterbliebenen zu höchster Ehre gelangen. So stehen Fundamentalisten, unkritisch besehen, immer im Ruch eines besonderen Einsatzes und Heldentums.

Gegenüber dem Islam ist der christliche Fundamentalismus wahrscheinlich mehr nach innen gewendet; auch das hat mit der Modernisierung des westlichen Glaubens zu tun. Statt individueller Opferbereitschaft, objektiver Leistungen und eines objektiv korrekten Standpunkts werden jetzt persönliche Haltungen betont: Vertrauen, Hingabe an Gott und die Bereitschaft, sich ihm existentiell anzuvertrauen, schließlich eine mitmenschliche Solidarität, die für Fundamentalisten besonders wichtig sein kann. Der Glaube wird als ein Beziehungsgeschehen und als eine Sinnfindung wahrgenommen. Global gesprochen gilt das auch für christliche Fundamentalisten. Zugleich betont der Fundamentalismus, sein Glaube gehe nicht auf in gegenseitigen Beziehungen, in denen nichts mehr berechenbar, unverrückbar oder unfehlbar ist. Gut anti-modern bezieht er sich also auf einen Gott, eine Bibel oder eine kirchliche Lehre, die für alle Zeiten unverrückbar stehen. Es ist aber diese Unverrückbarkeit, die im modernen Kontext nur noch als beziehungslose, als eine sachliche und tote Objektivität wahrgenommen wird. Man verbietet sich eine Haltung, die fähig wäre, Beziehungen zu knüpfen und das Spiel täglicher Veränderung einzugehen. So kann Wolfgang Beinert den Fundamentalismus trotz seines Engagements nur noch durch Beziehungslosigkeit und Objektivismus charakterisieren: »Jemand beansprucht, den Lebenssinn ein für allemal gefunden zu haben, da für ihn Fundamente gelten, die seiner Meinung nach objektiv sind (Hl. Schrift, kirchliches Lehramt, Gruppenspiritualität). Auf die Lebenswelt und ihre Herausforderung wird kaum Rücksicht genommen, das ist die Haltung des Fundamentalismus.« (24)

Das Problem der Aggressionen, die eine Leidenschaft mit sich bringt, entscheidet sich also nicht am Versuch, diese Gewaltanteile zu eliminieren. Wir alle tragen sie in uns. Zu fragen ist vielmehr, zu wessen Gunsten wir sie einsetzen. Die Ideologie des Fundamentalismus scheint diese Frage überhaupt zu vergessen. Das muss zu verdeckten oder offenen Brutalitäten führen. Betrachten wir deshalb die Beziehungsfähigkeit des Glaubens noch einmal unter vier Aspekten:

1. *Kognitiver Aspekt:* Der Glaubensweg ergreift Menschen dadurch, dass sie in einer Glaubenserfahrung die Welt (bisweilen schlagartig) erklären, interpretieren und verstehen können; es stellt sich ein umfassendes Weltverstehen, eine klare *Weltanschauung* ein. Wer ausdrücklich den Weg vom Unglauben zum Glauben geht, erfährt dies oft als einen hochdramatischen Prozess. Der Umschwung wird als Bekehrung oder Erleuchtung erfahren; Irrtümer werden entlarvt. Glaube lebt also von Anfang an aus einem Kontrasterleben, einer neuen, durchaus rationalen Erkenntnis. Dies

widerspricht dem Ideal der Objektivität. Eine Konfrontation kann letztlich nur in Gewaltäußerungen enden.

2. *Subjektiver Aspekt:* Diese Glaubenserfahrung kommt als innere und umfassende Gewissheit zu sich, die sich äußern will; die christliche Tradition spricht von einem *Bekenntnis* (»ich glaube«, *Credo*), das die menschliche Existenz bindet und bestimmt. Das Ich bildet sich sozusagen neu. Gemeint sind eine neue Identität und die Fähigkeit, Gott oder dem Lebenssinn vorbehaltlos zu vertrauen. Paulus spricht – durchaus modern – von der Freiheit der Kinder Gottes, Luther von der Freiheit des Christenmenschen. Das Ideal der Objektivität bedeutet für diese Lebens- und Freiheitsliebe den Todesstoß.

3. *Aspekt des Überschusses:* Glaubende erfahren diesen Prozess als eine unerwartete Öffnung und Selbstüberschreitung, als eine *Transzendenz,* die sich bei weitem nicht in der Erfahrung eines abstrakt oder jenseits Göttlichen erschöpft, sondern das Individuum hier und jetzt umfasst. Hans Joas spricht von »Selbstbildung durch Selbsttranszendenz« (*Die Entstehung der Werte*, 1997). Hier liegt der Grund für die vielen Erscheinungsformen des Religiösen, die der neuzeitliche Westen gerne als irrational charakterisiert, die aber sachgemäßer als umfassend und ganzheitlich, als erweiternd oder überwältigend beschrieben werden: Begeisterung und Ekstase treten als Grundmerkmale einer jeden Religion ein; sie ergeben sich aus dem Blick auf eine neue, für mich nie ausgeschöpfte Zukunft. So entstehen eine Lebenssicht und ein Lebensstil der ungebrochenen Hoffnung, die endlose Lebensressourcen freisetzen kann, weil sich in der Erfahrung des Bekehrten Tagträume und Realität in frappanter Weise einander angleichen. Der hier verwurzelte Begriff der Unendlichkeit ist ungleich dynamischer und

gegenwärtiger als die Unendlichkeit platonischen oder die Endlosigkeit mathematischen Denkens. Wo diese Begeisterung nicht in Lebensvollzüge integriert, sondern auf eine objektive Wahrheit bezogen wird, kann sie nur in Fanatismus enden.

4. *Aspekt der Konfrontation:* In allen, nicht nur in den prophetisch monotheistischen Weltreligionen führt dieser Weg zu einer kompromisslosen Gegenüberstellung mit der empirisch wahrnehmbaren Wirklichkeit von Welt, Gesellschaft und anderen Menschen. Diese Konfrontation kann sich in apokalyptischen oder prophetischen, politischen oder missionarischen Impulsen äußern. Angefangen von den großen Religionsgründern und Religionserneuerern bis hin zur Gegenwart ist die Geschichte der Religionen voll von kontrastreichen Umbrüchen, ohne die keine Religion je hätte erfolgreich werden können. Deshalb kommt es in Religionen immer wieder zu leidenschaftlichen und dramatischen Begegnungen, zu Umstürzen und Umschichtungen ganzer Wertesysteme und zu einer Pendelbewegung zwischen Weltflucht und Weltveränderung. Immer werden in der Welt Bosheit oder Gegenmächte, Ungerechtigkeit oder Lüge, Falschheit oder Langeweile, eine Leere oder eine paradoxe Absurdität erfahren, denen es zu widerstehen, die es aufzuarbeiten und durch Widerstand zu heilen gilt. Der Wille zur Welterneuerung bricht immer wieder durch und verhindert selbst im Buddhismus eine einfache Weltflucht.

Diese Grundhaltungen sind in elementaren Glaubensprozessen immer schon angelegt und kommen in hohem Maß mit kollektiven und institutionalisierten religiösen Erscheinungen überein. Von ihrem Grundansatz her beanspruchen Religionen eine universale Weltdeutung, sie drängen ungeduldig auf beginnende Veränderung und sind bereit, Verantwortung zu übernehmen. Dazu kann die Sprache einer Religion ihre neue Weltinterpretation so dicht und intensiv zum Ausdruck bringen, dass für die Glaubenden die Differenz zwischen Wirklichkeit und Interpretation geradezu verschwindet (Clifford Geertz, *Dichte Beschreibung*, 1987): »Das Reich Gottes ist gekommen!«, sagt Jesus, und eröffnet damit Gottes Reich. So sehr die religiöse Sprache auch Symbolen, Metaphern oder einer narrativen Gegenwelt verhaftet ist, der Glaubende wird sie immer als angemessene Weltdarstellung und Weltveränderung in einem begreifen. Aber in der Moderne wird er genauestens auf den Unterschied zwischen Empirie und Imagination achten. Das Reich Gottes ist gegenwärtig unter den Bedingungen dieser Gegenwart und nicht, wie der Fundamentalismus meint, als deren jenseitige Überhöhung und als der Zwang zu einem jenseitigen Rigorismus.

Dies ist ein merkwürdiges Phänomen, das in der Moderne größten Belastungen ausgesetzt wird, das aber Modernisten zu durchbrechen suchen. Denn die Moderne legt, wie schon gesagt, zwischen die Wirklichkeit selbst und deren Interpretation (religiös oder nicht) eine Schicht der Reflexion. Sie fragt also immer: Stimmt das wirklich? Ist das Gesagte Wirklichkeitsempirie oder Wirklichkeitsinterpretation, unmittelbare Erfahrung oder Projektion, tiefere Wahrheit oder sublimere Täuschung? Ich werde vor eine Wahl gestellt, die vormoderne Epochen noch nicht kennen. Darauf kann ich kreativ oder durch Verweigerung reagieren. Die religiöse Herausforderung dieser Rückfrage besteht jetzt nicht mehr darin, dass ein Glaubenssatz durch einen anderen ersetzt wird, sondern dass Glaubenssätze überhaupt noch gelten.

Idealtypisch ist ein Fundamentalist ein leidenschaftsvoller Mensch, der sein innerstes Bekenntnis ständig in Frage gestellt sieht. Zugleich verbietet er es sich, darauf mit Gesprächen und Lernprozessen zu reagieren. Seine Überschusserfahrung kann nur darin enden, dass er den vermeintlichen Realitätscharakter seines Glaubens mit höchster Ungeduld, mit Zorn und Widerstand durchsetzt. Angesichts ihrer Ungeduld bringen alle Religionen die Seelen ihrer Anhänger in Wallung und zum Brodeln. Die Versuchung all ihrer Anhänger ist es, das Reich mit Überredung oder Druck, mit Repression oder Gewalt zu verwirklichen. Die Schiiten des Iran sind dafür ein eindrückliches Beispiel. Ein Vers aus dem Matthäusevangelium (11,12) lautet: »Seit den Tagen des Johannes bis heute wird dem Himmelreich Gewalt angetan, die Gewalttätigen reißen es an sich.« Seine Deutung ist umstritten. Offensichtlich geht es darum, dass Religion Gewalt an sich zieht und nach sich ziehen kann, sobald man die (vermeintlichen) Ziele einer Religion endlich verwirklichen will, ihre Utopien mit unseren Projektionen verwechselt und diese Projektionen für die Gegenwart verfügbar macht. Genau das war das große religionskritische Thema des 19. Jahrhunderts.

4. Auf des Messers Schneide – Fundamentalismus als Haltung

Kehren wir zur Realität von Glauben und Religionen zurück, die immer schon zu einem intensiven Leben und einer intensiven Begegnung mit der Wirklichkeit führten, aber nie für eine ausgeglichene Seelenstimmung garantierten. Viel eher führten sie zu Risiko und allen Möglichkeiten zwischen

Jubel und Depression. So sind – in der Moderne zumal – individuelle Glaubenswege immer schon von einer seltsamen *Fragilität* begleitet. Die vollkommene Religion und den perfekten Glaubensprozess gibt es nicht. Dieser hochdramatische und hochkreative Weg verläuft immer auf des Messers Schneide, wie auf einem Bergkamm, der von Abgründen bedroht ist und zum Absturz führt, sobald ich mich dem Anblick des Himmels ergebe. Wenn ich mich den komplizierten Herausforderungen meiner Lebenswelt entziehe, führt mich die neue Weltdeutung schnell zu Simplifizierung und Weltverklärung. Im Katechismustakt hake ich die repetitionsfähigen Antworten ab, und aus Erkenntnisfortschritten wird ein Erkenntnisstillstand, der weiterführende Vertiefungen ausschließt. Die Glaubensgewissheit wird zur risikofreien Sicherheit und zu einem Dualismus, der sich immer auf der guten Seite weiß. Eine Begeisterung, die den Kontakt mit der Wirklichkeit verliert, führt jetzt zu blindem Fanatismus, weil sie keine Gegenstimme mehr erträgt. Die unvermeidliche, höchst konstruktive Konfrontation mit der Welt schlägt dann um in Destruktion, in eine imaginierte oder realisierte Marginalisierung oder Vernichtung derer, die anderes denken, glauben oder anderen Interessen folgen. Um in diese Fallen zu geraten, muss ich weder Fundamentalist noch Fundamentalistin sein. Es genügt, aus meiner Religion ein durchsetzungsfähiges Orientierungssystem für ein ruhiges oder beruhigtes Leben zu machen.

Wie kann es aber zu diesem Umschlag kommen? Meist wird übersehen: Religiöses Verhalten kann *nur in Menschen,* auf dem Boden ihrer physischen und menschlichen Psyche, gedeihen. Von Anfang an ist es in deren ambivalente Bedingungen integriert; dazu gehören Verweigerung und Bequemlichkeit, Horizontverengung und Wirklichkeitsferne, Gewalt und Projektionen. Man mag dem Glauben eine heilende Wirkung zusprechen, muss aber zugeben: Eine solche Heilung kann nur als Teil menschlicher Reifung wirken. Deshalb geschieht auch im religiösen Verhalten, was eben in menschlichem Verhalten möglich ist. Bei besonderen Belastungen verliert es seine natürlichen Korrektive: die Welterkenntnis ihre Selbstkritik, die eigene Freiheitserfahrung den empathischen Blick auf die anderen, die überschießende Ekstase das Korrektiv der Verantwortung, der Widerstand gegen das Böse den absoluten Respekt vor dem Leben und der Würde der Mitmenschen. Angesichts besonderer Verunsicherung und Belastung setzen sich das Autonomiebedürfnis, die Ungeduld und die infantile Neigung zu Zwang und autoritären Reaktionen durch. Dann halten die hohe Moral, die leidenschaftliche Nächsten- und die geduldige Wahrheitsliebe, von der her sich eine Religion unter idealen Bedingungen versteht, den Gegenbelastungen nicht mehr stand.

Aus dieser Perspektive lässt sich zeigen, wie in Einzelnen und Gruppen eine fundamentalistische Haltung beginnt. Verunsicherung führt zu Vorsicht und die Absicherung siegt – aus biographischen, sozialen oder kulturellen Gründen – über die Neugier. Verärgerung führt zu Emotionen und Ungeduld wird durch das Nachdenken nicht mehr im Zaun gehalten. Komplexe Fragen überfordern die Lebensweisheit, so soll wenigstens Gottes Ehre unbeschädigt bleiben. Hat der Quell aller Güte überdies das Recht, uns zu überfordern? Mit psychologisch geschultem Blick ließe sich leicht zeigen, wie tief die Anteile der Gesprächsverweigerung und die Flucht in ein objektivistisches Gehäuse bei Individuen und Gruppen verankert sind. Deshalb braucht, wie schon gesagt, eine fundamentalistische Verweigerung nicht unbedingt ein schuldhaftes Verhalten bedeuten. Die

Differenzierung, die Geduld und der Respekt, den die Kritiker des Fundamentalismus einfordern, sind auch den Fundamentalisten zu gewähren – sofern es sich um persönliche Haltungen handelt. Dass sie aus ihrer politischen Verantwortung nicht zu entlassen sind, spricht für sich selbst.

Dennoch lassen sich die Defizite des Fundamentalismus nicht leugnen, soweit sie objektivierbar und idealtypisch zu analysieren sind. Beinert stellt zu Recht fest: »Fundamente – ja, Fundamentalismus – nein: das ist der Weg der Kirche.« Er hätte hinzufügen können: Das ist der Weg einer jeden am Wohlsein des Menschen orientierten Religion. Dennoch macht die Antwort von Beinert hilflos. Sie ist geradezu irreführend, weil sie sich auf den Fundamentalismus als eine persönliche Haltung beschränkt. Er verdrängt in Sachen Fundamentalismus die strukturellen Verstrickungen seiner eigenen Kirche; denn inzwischen hat sich ihr Leitungsapparat zu einem Struktur und Institution gewordenen Fundamentalismus entwickelt.

5. Misstrauen – Kontrolle – Repression

Es ist wie bei weltanschaulich-politischen Begriffen, etwa bei Liberalismus oder Sozialismus, Autoritarismus oder Konservatismus: Zunächst verweist Fundamentalismus auf eine persönliche Lebenshaltung, bezieht sich aber auf ein Ideal. Es geht um eine gemeinsame Lebensgestaltung und bildet kollektive Strukturen aus. In ihnen kommt das Projekt dann konkret und umfassend zu sich. Dort muss es den Test seiner Lebensfähigkeit bestehen, erst dann kann es sich zu einer mentalen und strukturellen Lebensform verselbstständigen und Folgegenerationen prägen. Schon lange hat sich der Fundamentalismus *selbst auf den Weg* gemacht, um sich regelmäßig neuen Bedingungen anzupassen. Der nordamerikanische Fundamentalismus der 1920er Jahre ist mit dem gegenwärtigen wohl kaum mehr zu vergleichen, ebenso wenig der katholische Antimodernismus der Anfangszeit mit der Modernitätskritik von Papst Benedikt. Er weiß sich mit anderen politischen, moralischen oder exegetischen Problemen konfrontiert als Pius X. vor hundert Jahren. Aber natürlich trug auch Papst Benedikt das allgemein menschliche und religiös intensivierte Aggressionspaket mit sich. Nur wollte er es nicht zur Intensivierung seines Dialogs mit anderen Menschen einsetzen. Er nutzt es dazu, sein Denk-, Lebens- und Glaubenssystem hieb- und stichfest zu verteidigen.

So verwundert es nicht, dass sich bei allen christlich-fundamentalistischen Gruppen gleichbleibende Eigenschaften und Strukturen herausgebildet haben; sie gehen in die Ziele und Mentalität dieser Bewegung ein. Ganz allgemein wird der Fundamentalismus mit einigen Eigenschaften charakterisiert, die zum Teil schon genannt wurden. Die Rede ist von der Angst vor der Moderne, einem dualistischen Weltbild und einem ausgeprägten Elitebewusstsein. Nicht jede Charakteristik ist von gleichem Gewicht. Doch einige sind besorgniserregend, wenn nicht gar gefährlich, denn in ihnen finden die unvermeidlichen Gewaltanteile einer leidenschaftlichen Bewegung Raum. Dazu gehören der Autoritarismus, der Rigorismus und ein profiliertes Feindbild.

Nichts kennzeichnet den Fundamentalismus in all seinen institutionalisierten Formen stärker als sein *autoritärer Charakter.* Seine latente Angst vor der Moderne zwingt ihn zu einem streng geregelten Verhalten. Die Fronten sind geschlossen, Kooperation mit Andersdenkenden wird in aller Regel untersagt. An der Tagesordnung sind gegenseitige

Rüge und stramme Organisation, Erregung über gottferne Andersdenkende und die Beschwörung einer geordneten Vergangenheit, Erinnerung an die eigene Bekehrung und die Hoffnung auf einen streng eingreifenden Gott. Der Fundamentalismus gibt der Versuchung nach, die Aggressionen des Lebens und der Religion direkt und beziehungslos auszuleben, also nicht in eine Lebensdynamik einzubringen, die zu weiterführenden gemeinsamen Übereinstimmungen führt. Das führt zu einer destruktiven Tendenz.

Genau dies kommt der römisch-katholischen Mentalität entgegen, die sich schon lange vor der Moderne ausgebildet hat. Diese Kirche gründet in einem stramm geordneten Rechtssystem, wird von einem strikt disziplinierten Männerbund getragen und hat Übung in der Abschirmung innerer Vorgänge. Seit dem Verlust des Kirchenstaates (1870) hat sie sich – rechtshistorisch gesprochen – zu einem absolutistischen Regierungssystem verfestigt.

Diese Strukturen erhielten mit dem Unfehlbarkeitsdogma und der Definition des höchsten päpstlichen Rechtsprimats ihre innere Legitimation. Diese Beschlüsse setzten sich in der weltweiten Bischofsgemeinschaft durch, dabei waren die Inhalte von der Schrift her nicht gedeckt und das Konzil bewegte sich – streng logisch gesehen – in einem Zirkel widersprüchlicher Selbstbehauptung. Schließlich galt ein Konzil jetzt offiziell als unfehlbar, weil es seine Unfehlbarkeit behauptete. Auch konnte, wie die Historiker wissen, von einem frei herbeigeführten Konsens auf diesem Konzil keine Rede sein. Abgesehen vom Widerstand einiger Bischöfe auf und nach dem Konzil und abgesehen von der Abspaltung der Altkatholischen Kirche, die das wahre katholische Erbe immer noch wahrt, galt diese monarchische Ideologisierung bis zum 2. Vatikanischen Konzil (1962–65). Unbestritten gilt sie noch immer als Kern katholischer Identität. Der in Rom propagierte und bald grassierende Antimodernismus machte dies möglich. Denn offensichtlich war es das aufkommende massive Krisenbewusstsein, das diese gravierenden Mängel spielend überdeckte. Wie sich der biblische Fundamentalismus an eine Autorität der Bibel band, die offiziell keinerlei eigene Interpretation mehr zuließ, so suchte der Rom-orientierte Katholizismus nach einer Autorität der Autoritäten, ohne die man angesichts der Moderne unterzugehen fürchtete.

Wohlgemerkt, nie hat die gesamte Kirchengemeinschaft diese Krisenstimmung geteilt. Große Teile dieser Weltkirche verharrten und verharren schlicht noch in vormodernen Zeiten, glauben also den unverstandenen Schreckgespenstern, von denen man ihnen berichtet. Eine Minderheit fand zur Moderne ein konstruktives Verhältnis und hat dafür geworben. Aus mehr pragmatischen Erwägungen suchten und suchen einige Eliten regelmäßig Auswege aus der kollektiven paramilitärischen Verkrampfung. Doch das stramm zentralisierte System gewährte ihnen bislang weder Freiräume noch Gehör. Die Besorgnisse und Ängste wurden in Verurteilungen und Repressionen ausagiert. Solche Aktivitäten lassen sich an den regelmäßigen Interventionen, Maßregelungen und Absetzungen ablesen, denen die Betroffenen höchstens durch strenge Unterwerfung entgehen konnten. »Er hat sich demütig unterworfen« (*humiliter se subiecit*) lautete bis in die 1960er Jahre die Standardformel, die viele, seelisch gebrochen und in der Kirche gedemütigt, zum Verstummen brachte. Anderen blieb nur die Möglichkeit, die von ihnen geliebte Kirche zu verlassen. Der massive Charakter, die Strenge und die Anzahl der Zugriffe waren neu, obwohl Rom auch hier den Schein guter Kontinuität wahrte. Leonardo Boff saß, wie er berichtete, bei seinem ersten Verhör im Jahr 1984 noch auf demselben Stuhl, auf dem schon Galilei saß. Der Geist seiner Inquisitoren war noch immer präsent.

Diese geradezu bruchlose *Kontinuität* mit dem vormodernen Konservatismus des Mittelalters macht den vom Antimodernismus getragenen Fundamentalismus so gefährlich. Der Eindruck entsteht, Haltung und Struktur der Gegenwart hätten schon immer zur katholischen Kirche gehört. So kann sich der Fundamentalismus erfolgreich verstecken. Doch er ist neu und kann sich nach konziliarer Unterbrechung wieder neu etablieren. Nicht nur in der Exekutive, sondern auch in der Rechtsstruktur hat der Papst seine Stellung gestärkt und unter Benedikt XVI. eine nie dagewesene Machtfülle erreicht. Demokratische Reststrukturen etwa in den Orden wurden systematisch zerschlagen, innerkirchliche Diskussionen nach Möglichkeit verhindert und neue autoritäre Gruppierungen mit zentralen Aufgaben betraut. Dabei gab es seit hundert Jahren wohl keinen Papst, der wie Benedikt XVI. unter Berufung auf moderne Gefahren so intensiv von einer Krisenstimmung, einem Misstrauen und einem Geist der Kontrolle beseelt war. Wie die besprochene Rede zur Papstwahl von 2005 zeigt, galt dieses Misstrauen vielen Frauen und Männern seiner Kirche ebenso wie den demokratischen Gesellschaften. Er misstraute ihnen genau deshalb, weil sie von einem demokratischen Geist getragen sind.

Protestantische Theologen bemerkten schon vor Jahrzehnten nicht ohne Neid, dass ein unfehlbarer und zentralistisch regierender Papst gegenüber einer unfehlbaren Bibel enorme Vorteile hat. Die Bibel liegt für alle Zeiten fest, aber der Papst kann unter dem Beistand des Heiligen Geistes seine Interpretation immer wieder anpassen. Dies mag der

Grund sein für das Überlegenheitsgefühl, das der katholische Kirchenapparat gegenüber dem Protestantismus entwickelt hat. Umgekehrt schafft der Unfriede mit einer modernistisch infizierten evangelischen Theologie evangelikale Sympathien gegenüber Rom. Die evangelischen Theologen Martin Hengel, Peter Stuhlmacher und Peter Beyerhaus sowie Altbischof Ulrich Wilckens, ihrerseits alle massive Kritiker einer von der Aufklärung verdorbenen Theologie, haben als Gäste Papst Benedikts in Castel Gandolfo über ihre Theologie referiert. Sie taten dies, obwohl dieser Papst den evangelischen Kirchen ihre Kirchlichkeit offiziell aberkannte und obwohl die genannten Herren unter den geltenden Umständen natürlich keinen Schritt gegenseitiger Annäherung gesetzt hätten.

Es kennzeichnet den unsensiblen und abgestumpften Charakter dieser sachbezogenen, geradezu objektivistischen Mentalität, aus der personale Beziehungen ausgeklammert sind. Es herrscht Krieg, und Konzentration auf die sachlichen Ziele bleibt geboten. In diesem *Kriegszustand* ist die Angst vor der Moderne allgegenwärtig. Faktisch treibt sie viele Kirchenführer an und wird zugleich propagiert, weil sie die Reihen schließt und strenge Kommandostrukturen plausibel macht.

Wer aber gehört zum inneren Kreis und welche Strukturen bringt diese Abgrenzung hervor? Ich meine, dass auch Abgrenzungen innerhalb der Kirche zu Selbstläufern geworden sind, denn die Angst vor der Moderne bringt keine neuen und ungewohnten Schrecken mehr hervor, sondern gehört auch schon zur Selbstverständlichkeit. Sie wurde zur Ideologie und zum gezielt eingesetzten Mittel der Selbststärkung. Für den romzentrierten Papst Benedikt herrschte der Verfall überall, nicht nur in Europa oder im Christentum, sondern auch in der eigenen Kirche. Weil dieser Verfall die Gefahr am nächsten brachte, war er am schärfsten zu bekämpfen. Dies erklärt, warum Rom seit 1870 seinen Kampf weit *schärfer nach innen* führt als nach außen. Ein dualistisches Modell hat die faktischen Verhältnisse, also die Zweiteilung von Klerikern und Laien übernommen, aber die Begründungen und Akzentsetzungen verschoben. Während sich ein mittelalterlicher Fürstbischof wohl kaum um Theologie und Gottesdienstfeiern kümmerte, traten er und der Papst jetzt als Lehrer, Priester und Hirten auf.

Dieses Lehr- und Hirtenamt ließ inzwischen keinen Dialog-, Rezeptionsprozess oder Widerspruch mehr zu, sondern dozierte und dekretierte in einseitig absolutistischer Weise. Eine solche Verschiebung, durch das prinzipielle Nein zur Moderne bestimmt, wurde kaum wahrgenommen. Die Leitfrage lautete nicht mehr, wie die Kirchengemeinschaft ihre Identität erhält, sondern: Wer innerhalb der Kirche ist noch gegen den Glaubensverfall gefeit und wer kann uns vor ihm retten? Wenn man denn die Frage im Krisenfall zuließ, dann musste die klassische Antwort lauten: »Rettung kommt nur durch die katholische Hierarchie …«. 1870 wurde hinzugefügt: »… sofern sie in Einklang mit dem Papst handelt«. Inzwischen wurde aus dieser Rettungsvorsorge eine Rettungs-Daueraktion; die Feuerwehr musste aktiv sein und die Polizei sperrte ab, bevor das Feuer ausbrach. Eine solche Überreaktion missachtete die Bedürfnisse und Rechte der Kirchengemeinschaft, zog ihre Notmaßnahmen den Menschenrechten vor, machte Repressionen zum Normalzustand. Selbst die Bischöfe würden zu Handlangern eines Oberkommandierenden degradiert. Der Wahn kontinuierlicher Dauerattacken (Antimodernismus genannt) führt dazu, dass er nur noch sich selbst vertraut. Diese Kirchengestalt hat zu einer Dauerpolarisierung und zu Angstattacken, zu einem ungeahnten Potential von Aggressionen und geistiger Gewalt geführt. Man lese nur die reaktionären Websites mit ihren unerträglichen Beschimpfungen, Drohungen und Verwünschungen, gegen die bislang noch kein Römer eingeschritten ist.

6. Weltsolidarität statt Antimodernismus

Aus diesen Überlegungen seien vier Folgerungen gezogen:

1. Der Fundamentalismus hat in der römisch-katholischen Kirche nicht nur Fuß gefasst, sondern sich auch als die *kirchenamtliche Kernideologie* etabliert und die Legitimation der Klerikerklasse verschärft. Kein Fundamentalismus ist dialogfreudig, aber in anderen Kirchengemeinschaften wird er zum Dialog gezwungen, falls er nicht völlig zum Außenseiter werden will. Im römischen Katholizismus kann er seine Gesprächsverweigerung ausleben und als Glaubenstreue interpretieren. Ob seiner vermeintlichen Glaubenstreue genießt ein oberster Kirchenführer bei autoritär gesonnenen Neokonservativen eine hohe Achtung. Bis zur Stunde wurde unter der Maske des wahren Glaubens dekretiert und Gehorsam gefordert. Dies hat für die katholische Kirche katastrophale Konsequenzen. Im gegenwärtigen Westeuropa und in Nordamerika bricht die klassische Seelsorge zusammen; die Problematik des Missbrauchs zerstörte ihr öffentliches Ansehen gerade deshalb, weil die Kirchenleitungen damit autoritär umging und sich einer vorbehaltlosen Transparenz widersetzten.

Zudem hat die innere Polarisierung der Kirchengemeinschaft beängstigende Ausmaße angenommen. Diskussionen wurden nicht mehr direkt geführt, sondern alle durch das verfälschende Brennglas des offiziellen Lehramts gebrochen. So gelang es dem römischen Regime, seinen fundamentalistischen Charakter der Verweigerung hinter der Klage über die Zeitläufte zu verstecken. Man sprach von der dekadenten Moderne und nicht vom Versagen der Kirchenleitungen, den eigenen Sinnangeboten, nicht von der eigenen fundamentalistischen Haltung. Papst Benedikt etwa wollte die Moderne in die Knie zwingen, indem er ausführliche Jesusstudien vorlegte, die vom aktuellen Diskussionsstand überholt waren, aber wegen ihrer Frömmigkeit gepriesen wurden. Diese Paradoxie ist symptomatisch. Sie hat zu einer bedenklichen Gesamtatmosphäre geführt; diese ist – vorerst noch? – von Repression, geistiger Unterdrückung und einem aggressiven Autoritarismus geprägt.

2. Auf den ersten Blick hat der römisch-katholische Fundamentalismus ein entspanntes Verhältnis zu sich selbst; das gibt ihm ein starkes und siegessicheres Gepräge. Bislang schien er nicht aus einer Situation der Schwäche oder der Minderheit, sondern der Stärke und Überwältigung zu agieren. Barocke Prachtentfaltung und eine überwältigende Ästhetik gehören ebenso zu seinen Mitteln wie der Einsatz modernster Medientechnik. In Wirklichkeit verschaffte ihm das eine *enorme Glaubwürdigkeitslücke*. Den Gläubigen wurde ein Ideal der Entweltlichung vorgelegt, dagegen lebt Deutschlands Oberkirche in wohl etablierten Verhältnissen. Sie präsentiert sich als Verteidigerin der Menschenwürde, verstößt aber nachhaltig gegen das Gleichheitsprinzip. Die Mahnerin zum Frieden provoziert in den eigenen Reihen massive Konflikte. Die Hüterin der Einheit hat ihre ökumenischen Bemühungen praktisch eingestellt. Ihr hochgepuschtes antimodernes Selbstverständnis hindert sie daran, diesen Selbst-

widerspruch zu erkennen. Wenn es so weitergeht, wirkt sie als Quelle der Rechthaberei und des Unfriedens. Sie legitimiert Aggressionen und innere Gewalt, verhindert Versöhnung und wird selbst zum ständigen Konfliktherd. Sie gibt keinerlei Anleitung dazu, bestehende Aggressionen produktiv im Sinne gemeinsamer Weltgestaltung zu bewältigen.
3. In seiner über hundertjährigen Geschichte ist der kirchenamtlich organisierte Fundamentalismus zum *Selbstläufer* geworden. Er hat Tiefenwirkungen erzielt und dafür gesorgt, dass Theologie und Tradition seinen autoritären und gesprächsunfähigen Grundauffassungen folgen. Die Theologie von Joseph Ratzinger, dem ehemaligen Papst, steht dafür als Beispiel für viele, die ihr aus Gründen kirchlicher Loyalität folgen. Diese Theologie stärkt nachdrücklich alle Elemente der Tradition, unterstützt unkritisch den offiziellen Wahrheitsanspruch und stärkt den Vorrang der Institution und ihrer Ämter. Hinzu kommen die traditionellen Sakramente, eine hellenistisch formulierte Dogmatik und der unverminderte Lehrbestand der Konzilien, obwohl diese seit 869 keine ökumenische Geltung mehr haben. Vor allem wird die Kirche sakramentalistisch interpretiert; ein mittelalterlicher Sakramentalismus wird zum steuernden Motiv. Wegen ihrer Einseitigkeit sind die Folgen dieses Denkens verheerend. Je mehr das (prophetische Wort) als Korrektiv der Sakramente verschwand, desto stärker machte sich ein priesterlicher Autoritarismus breit, unter dem viele Priester am meisten leiden, denn ihre Autorität wurde tabuisiert und nur noch als eine Machtgeschichte konnotiert. Diese Entwicklung ist von enormer gesellschaftspolitischer Bedeutung, weil sie auch gesellschaftliche Machtgefüge sakralisierte und unantastbar machte. Solche Umstände haben einen versöhnenden Dienst an den Menschen massiv

erschwert, eine spirituelle Solidarität mit Andersdenkenden konnte kaum entstehen.

4. Der neue kirchenamtliche Fundamentalismus drängt die erneuernden Impulse des 2. Vatikanischen Konzils zurück und ebnet sie in die antimodernistische Kontinuität der Vorzeit ein. Was den Fundamentalismus stört, ist ein neues Selbstbewusstsein der Kirchengemeinschaft, die mit ihrer glaubenden Existenz Weltverantwortung und Solidarität mit den Verlierern der Gegenwart übernimmt. Die *kirchenamtlichen Repressionen* der vergangenen drei Jahrzehnte haben aber gezeigt, dass dieses neue, von unten gewachsene Kirchenbewusstsein unumkehrbar geworden ist. Angestrebt wird eine klärende und versöhnende Polarisierung statt verbitterter Emigration.

Dieser Antimodernismus ist wegen seiner verheerenden Folgen für eine entsolidarisierte Welt zu überwinden. Dies ist gleichermaßen ein christliches, religiöses und weltpolitisches Programm. Zu fordern ist Modernitätskritik statt Antimodernismus, Respekt vor den Menschen statt deren geistliche Demütigung, weltweite Geschwisterlichkeit statt eines elitären Sendungsbewusstseins.

Aus christlicher, kultureller und gesellschaftspolitischer Perspektive ist das kein erfreuliches Ergebnis. Wegen seiner gewaltfördernden Folgen sind eine fundamentalistische Haltung und fundamentalistisch unterlaufene Institutionen höchst fragwürdig. Natürlich ist – wie schon gesagt – »Fundamentalismus« ein idealtypisches Konstrukt und das Ausmaß fundamentalistischer Haltungen kann verschieden sein. So wird es sich immer lohnen, mit Individuen Kontakt aufzunehmen und deren Gesprächsbereitschaft auszutesten. Auch fundamentalistische Gruppen können im Einzelfall zu einer fruchtbaren Auseinandersetzung verlockt werden. Das Problem der katholischen Kirche besteht in der amtlichen Monopolisierung ihrer repressiven Denk- und Lebensform, die ein gesundes Gemeinschaftsleben blockiert. Um diesen für die Kirche lebensbedrohlichen Zustand zu durchbrechen, bleibt den reformorientierten Kräften nur übrig, der Kirchenleitung den Gehorsam zu verweigern. Denn eine Kirchenleitung, die prinzipiell den Geist der Freiheit und ihre Solidarität mit der Gegenwart verweigert, verfehlt die Aufgabe, derentwegen sie ihr Amt ausführt. Mehr noch, sie verhärtet Aggressionen und verhindert Prozesse der Versöhnung, ohne die keine humane Menschheitszukunft möglich ist.

Unter den gegenwärtigen Umständen scheint diese Gehorsamsverweigerung unabdingbar, sofern der neue Papst die Beschlusslage nicht grundlegend ändert. Allerdings ist eine Form zu suchen, die keine autoritären Methoden übernimmt, sondern den Prinzipien der Kommunikation und Deeskalation treu bleibt. Dafür bedarf es der Klugheit und Besonnenheit sowie der Kooperation mit anderen Kirchen, die mit der Moderne auch als Institution in vitalerem Austausch stehen. Denn letztlich geht es nicht um die Frage, wer Recht bekommt, sondern ob das Wort von der Versöhnung und Gewaltfreiheit zu einer überzeugenden Weltbotschaft wird.

7. Strukturelle und politische Gewalt

Bislang war die Rede von inneren Aggressionen und repressiven Verhältnissen, von der Verweigerung, sich mitzuteilen oder offene Diskurse auf Augenhöhe zu eröffnen. Wir gingen davon aus, dass Religion immer Potentiale der Leidenschaft mobilisiert, aber im Idealfall auch dafür sorgt, dass sie sich nicht verhärten, sondern in Beziehungen überführt werden. Auch der Fundamentalismus produziert keine Gewalt aus dem Nichts, ist aber die Folge eines gefährlichen Stillstands, sodass Leidenschaft, Zorn und Empörung zu destruktiven Reaktionen führen, wie sich diese auch immer äußern mögen. Auf die verschiedenen Formen von innerer und äußerer, individueller und struktureller Gewalt wurde schon hingewiesen.

In religiösen Zusammenhängen zeigt sich ein Sonderproblem: Häufig kommt Gewalt auch dann ins Spiel, wenn ein Individuum oder eine Gemeinschaft im Sinne der Nächstenliebe oder einer höheren Wahrheit handelt. An sich sind seine (vermeintlich) positiven und menschenfreundlichen Zielsetzungen ja unangreifbar. Aber welche Wege geht er (Frage der Methoden) – und was sind deren Nebenwirkungen? Inwieweit werden Individuen und Institutionen instrumentalisiert? Je anspruchsvoller die angestoßenen Prozesse, desto nachdrücklicher erfordert ihre Rechtfertigung und Beurteilung höchste Transparenz und eine *selbstkritische Offenheit*. Sie muss auch unbewusste Antriebe und Ziele, die Emotionen sowie die Einhaltung humaner und fairer Regeln ins Visier nehmen. Hinzu kommt, dass bei Fundamentalisten Feind- und Bedrohungsschemata eine große Rolle spielen. Ihr Handeln wird von dem verengten Vor-Urteil geleitet, abweichende Modelle von Glauben und Weltanschauung seien von Übel und deshalb zu bekämpfen. Eine solche Grundhaltung lenkt von anspruchsvoller Selbstbeobachtung und Selbstkritik ab. Bevor wir die Auseinandersetzung um den Fundamentalismus zum innerkirchlichen und privatisierbaren Problem degradieren, ist über diese politischen und ideologiekritischen Zusammenhänge nachzudenken. Sie verdienen bei einem solchen modern-antimodernen Phänomen öffentliche Aufmerksamkeit.

Dazu besteht dringender Anlass. Denn so intensiv sich der christliche Fundamentalismus auch an die christliche Botschaft hält, und sollte er auch besten Gewissens behaupten, dass er treu den Weisungen der Liebe folgt, begünstigt er doch eine kirchlich, gesellschafts- und weltpolitisch beängstigende, zutiefst unchristliche, religions- und menschenfeindliche Entwicklung. Gewiss, im Normalfall verschreibt sich der christliche Fundamentalismus keiner brutalen Gewalt. Nach allem aber, was sich beobachten lässt, fördert er – zumindest faktisch, unreflektiert und indirekt – vielfältige *Strukturen des Unrechts,* des mangelnden Respekts, der Ungleichbehandlung, der Überheblichkeit und der Unterdrückung. Das ist in jedem Fall ein Politikum, das nicht zu dulden, sondern zu bekämpfen ist. Wie ist diese These näher zu begründen? Beginnen wir mit einem Beispiel.

Mit Brief vom 9. Januar 2013 tritt die Deutsche Bischofskonferenz von ihrem Vertrag mit dem Deutschen Kriminologischen Forschungsinstitut Niedersachsen zurück. Es heißt, das gegenseitige Vertrauen sei zerrüttet. Ziel wäre es gewesen, die Missbrauchsfälle der vergangenen Jahrzehnte und deren Hintergründe umfassend aufzuarbeiten. Die Bischöfe verlangen vor der Veröffentlichung der Ergebnisse zumindest ein Einsichts-, wahrscheinlich ein Einspruchsrecht; der Direktor des Instituts lehnt dies als Zensur ab. Prompt und aus guten Gründen belegen Presse und öffentliche Meinung die Bischöfe mit schwerer Kritik; aus Angst hätten sie damit eine einmalige Chance vertan. Sind sie ihrer Pflicht gegenüber den Missbrauchsopfern wirklich nicht nachgekommen?

Für eindeutige Schuldzuweisungen ist hier nicht der Ort. Aber vieles spricht dafür. Viele Bischöfe haben zur modernen Gesellschaft noch immer ein verkrampftes und selbstherrliches Verhältnis und der Ernst ihrer Lage ist ihnen noch nicht zu Bewusstsein gekommen. Der Glaubenspräfekt wirft am 1. Februar 2013 der Öffentlichkeit in den USA eine Pogromstimmung gegen katholische Priester vor. Damit bürden sie der Gesellschaft eine schwere und konfliktreiche Last auf. Diese kann nur zur Quelle neuen Hasses, neuer Gewalt und neuer Resignation werden, bevor die unselige Missbrauchs- und Vertuschungsaffäre überhaupt nur im Ansatz aufgearbeitet ist. Das Ganze ist ein Lehrstück für die politischen Implikationen und die Folgen einer fundamentalistischen Haltung.

Christliche Theologen neigen dazu, die Auseinandersetzung mit dem Fundamentalismus zum innerkirchlichen bzw. zum Innenproblem einer bestimmten Religion zu degradieren und damit zu privatisieren. Sollen die Religionen doch schauen, wie sie mit ihren eigenen Widersprüchen zurechtkommen. Wenn sie die Kraft haben, können sie diese von ihren eigenen Grundlagen her bewältigen. Dabei ist der Politik und den Handlungswissenschaften schon lange klar, weshalb sich die Öffentlichkeit so sehr für dieses zutiefst irritierende Phänomen interessiert, das inzwischen im allgemeinen Sprachgebrauch »Fundamentalismus« genannt wird. Es sind die dramatischen Ereignisse (Morde, Suizidattentate, Massaker, Kriegserklärungen und langfristig geplante Terrorakte), die die Weltöffentlichkeit in Atem halten.

Auf den ersten Blick mag diese *Politisierung der Religionen* einer Begriffsverwirrung entspringen, denn nachweisbar haben viele Terrorakte nichts mit Religion oder Glauben zu tun; vielmehr wird die Autorität von Religionen für ethische, politische oder soziale Ziele missbraucht. Der unsinnige Parallelbegriff »Islamismus« sollte ohnehin aus dem Sprachschatz verschwinden. Doch bei genauerem Hinsehen werden unabweisbare Zusammenhänge sichtbar.

Fünf Beobachtungen können zeigen, dass fundamentalistische Bewegungen von enormem politischem Gewicht sind und eine hohe Gewaltaffinität erzeugen können.

1. Seitdem es fundamentalistische Bewegungen gibt, nehmen sie auf Gesellschaft und Staat *direkten politischen Einfluss*. Man denke an den Erziehungs- und Freizeitsektor, in den USA beginnend mit dem Scopes-Prozess, in Deutschland mit der Konfessionsschule. Hinzu kamen Fragen der Koedukation, der Sexualerziehung oder sexuellen Selbstbestimmung, des Religions- bzw. Ethikunterrichts und von Freizeitaktivitäten. Fragen der Ehescheidung, der Abtreibung und der Partnerschaft von Schwulen gelten bis heute als umstrittene Themen; in manchen Staaten wird auf Wahlen und deren Kandidaten massiver Einfluss ausgeübt. Vielerorts stehen Antikommunismus, wenn nicht gar Antisozialismus noch hoch auf der Liste politischer Prioritäten. Oft bieten in erstaunlicher Einmütigkeit der protestantische Fundamentalismus der USA und die katholische Amtskirche prominente Beispiele für all diese Themen. Je nach Staat und je nach Epoche können sich Grad und Art der Einflussnahme unterscheiden. Aber immer wieder kreisen sie um Fragen der Erziehung und der Sexualität, des öffentlichen Respekts vor Religionen und politischer Zukunftsfragen. Dass Fundamentalisten in der Regel keine Pazifisten sind, ist kein Geheimnis.

2. Fundamentalistische Bewegungen verleihen ihren Glaubensgemeinschaften ein *gesellschaftspolitisches Bewusstsein*.

An sich ist diese Politisierung angesichts einer Gesellschaft zu begrüßen, die immer komplexer wird und in der sich die Politik vom Alltag immer weiter entfernt. Aber eindeutig werden konservative bis reaktionäre Gesellschaftsmodelle bevorzugt. Man beklagt Wertezerfall und Autoritätsverlust, soziale Einebnung statt des Leistungsprinzips, einen zu laschen Umgang mit Straftätern und mangelnden Einfluss von Glauben und Religion in der Öffentlichkeit. Mit rechtsautoritären und diktatorischen Regimen vertrug man sich immer besser als mit einer liberalen oder ausgesprochen linken Politik. Auch hierüber geben die vergangenen Wahlkämpfe der USA reichlich Aufschluss. Seit einigen Jahrzehnten hält sich die katholische Amtskirche mit offenen Sympathiebekundungen nach rechts mehr zurück. Aber dass Benedikt XVI. gegenüber Demokratie und liberalen Staatssystemen massive Vorbehalte pflegte, lässt sich kaum bestreiten.

3. In diesem Sinn prägen fundamentalistische Strömungen an politisch sensiblen Stellen auch stark das *Alltagsverhalten* ihrer Anhänger. Bewusste Verteidiger fundamentalistischer Positionen zeigen vor Ort klare gesellschaftspolitische Positionen, die sie oft mit dramatischen Bekehrungserlebnissen begründen. Dies gilt – wiederum – für die Gestaltung zwischengeschlechtlicher Beziehungen (weder vorehelicher Verkehr noch künstliche Geburtenregelung werden akzeptiert), die eheliche Rollenverteilung zwischen Mann und Frau (die sich unterordnet und die Kinder erzieht), die Bedeutung religiöser Vollzüge und die Weitergabe fundamentalistischer Mentalität zur Bekämpfung der unverstandenen säkularisierten Moderne. An diesen Punkten sind Parallelen zu evangelikalen und charismatischen Gruppen zu finden, auch wenn sie meist kompromissloser durchgesetzt werden. Solche Regeln der persönlichen Lebensgestaltung werden

intensiv propagiert. Zumal junge Menschen, von postmoderner Orientierungslosigkeit gelangweilt oder verunsichert, finden in dieser Eindeutigkeit eine eigene, orientierungsstarke Lebenslinie. Aber sie übernehmen auch deren intoleranten und aggressiven Zug und die Überzeugung, die genannten Positionen entsprächen eindeutig Gottes Willen.
4. In Kirchen und kirchlichen Gruppen sorgt der Fundamentalismus für klar *gegliederte Innenverhältnisse*. Denn diese Gruppen üben nicht einfach dort Gesellschaftskritik, wo sie ihnen als notwendig erscheint, sondern bemessen ihre eigene Identität auch an dem Maß dieser Kritik. Das bewirkt eine massive, bisweilen ideologisch gesellschaftkritische Profilierung. Deshalb sind die inhaltlichen Vorgaben (Lehre, Überzeugungen, Frontstellungen) immer eindeutig formuliert; ungelöste Fragen scheint es nicht zu geben. Offenheit und die Freiheit eigener Interpretation gelten als Laschheit oder Unglaube. Die Positionen werden überwacht, regelmäßig justiert und höchstens in geschlossenen Führungszirkeln diskutiert. Dies sorgt für einen hohen Konformitätsdruck und für Misstrauen gegenüber allen individuellen Regungen. Die Freiheits- und Vertrauensdimension des Glaubens wird von dessen Gehorsamsdimension überlagert, wenn nicht gar erdrückt. Im Ausgleich dazu erhält der Gemeinschaftscharakter des Glaubens einen hohen Stellenwert. Individuelle Glaubens- oder Denkformen geraten in die innere Distanz und werden marginalisiert.

Die so erreichte Konformität kann eine große politische und gesellschaftliche Schlagkraft entwickeln. Ein Beispiel dafür sei wiederum der fundamentalistische (stark republikanische) Einfluss in amerikanischen Wahlkämpfen. Noch eindrucksvoller ist die enorme ideologische Schlagkraft, die der offizielle Katholizismus (in wechselnder Intensivität) seit hundert Jahren entwickelt hat. Johannes Paul II. gehörte zu den bekanntesten und beliebtesten Figuren seiner Zeit. Diese Figur demonstriert auch: Eine solche Haltung fördert autoritäre Charaktere und untergräbt ein demokratisches Verhalten, das seinen eigenen Überzeugungen folgt. Demokratische Gesellschaften können darüber nicht glücklich sein.

5. Zum Abschluss dieser Aufzählung ist ein Aspekt zu nennen, der zwar immer präsent war, sich im Bewusstsein der Betroffenen aber erst allmählich durchgesetzt hat. Es sind die überhöhte Bedeutung, das enorme Sendungs- und Siegesbewusstsein der fundamentalistischen Idee selbst, ihrer Gruppe oder Gemeinschaft. In katholischer Terminologie und Wirklichkeit geht es um die überhöhte *Bedeutung der Kirche* und um eine maßlos kultivierte Kirchenliebe. Sie haben sich seit Beginn des 20. Jahrhunderts entwickelt und erreichten nach 1950 ihren Höhepunkt. Die Kirche wird hochverehrt, in der Theologie mit Hilfe altkirchlicher Symbole gepriesen (Mutter des Glaubens und der Gläubigen, Braut Christi und des Heiligen Geistes, ihrerseits symbolisiert in Maria als Jungfrau und Mutter Gottes). In ihr werden göttliche Gnade und Gottes Heil zur geschichtlichen Wirklichkeit. Diese *Kirchenliebe* entspricht einer zölibatären Spiritualität und gleicht den extrem verrechtlichten Rigorismus der Kirchenordnung aus. Sie schafft für die Kirchenelite (Priester und Bischöfe) ein intensives Gemeinschaftsbewusstsein. Die katholische Klerikerkirche funktioniert immer perfekter; sie wirkt als geschlossene Gruppe mit Mechanismen strenger Abschirmung. Als eine schlagkräftige, um den jeweiligen Papst gescharte Truppe entwickelt sie ihr eigenes Innenleben. Der Antimodernismus erhält so sein Gegengewicht. Denn der eigenen, sich selbst erhaltenden Kirchen-

kultur steht die »Welt« jetzt als Gegenwelt gegenüber. Diese Kirchenliebe sorgt – gegen ihren Willen – für eine Verweltlichung der Welt, entzieht dieser also eine Legitimität, auf die sie zur Regelung ihrer Verhältnisse angewiesen ist.

Erst die nachkonziliaren Auflösungserscheinungen dieses überhöhten Gruppen- und Kirchenbewusstseins zeigen, wie sehr sich die antimodernistische Verehrungs- und Gehorsamshaltung zu einem tiefsitzenden Tabu und lange Zeit zu einem Desinteresse an Politik entwickelt hat. Distanz von der Kirchenzentrale oder eine Verstoßung durch Rom zerstören die religiöse Identität und machen ortlos. Diese Tabuisierung der Kirche als Mutter der Gläubigen hat im 2. Vatikanischen Konzil einen schweren Schlag erlitten, doch sie blieb in der Klasse der Bischöfe (aus Gründen strengster Auswahl) erhalten. In deren Augen agiert die katholische Kirche immer noch als streng geschlossene Gesellschaft. In dieser Rigidität liegt bei vielen noch der Kern und der ständige Nährboden für einen fundamentalistischen Enthusiasmus, der die Kirche höher stellt als die Interessen von Personen. Die genannten Schwierigkeiten der Bischöfe mit einer objektiven Untersuchung der Missbrauchs- und Vertuschungsaffäre illustrieren die enormen Blockaden, die dieser Fundamentalismus in sich birgt.

Stellen wir also die Gretchenfrage, wie sie heute die Öffentlichkeit formuliert: Fördert der Fundamentalismus (katholischer oder protestantischer Prägung) mentalen oder physischen Zwang, eine *Gewaltatmosphäre* oder einzelne Gewalteingriffe? Werden Gewaltfragen im Fundamentalismus bewusst angesprochen oder verdrängt und umso virulenter?

Sicher lenkt das immer wirksame Feindbild von einer kritischen Selbstbeobachtung ab und offensichtlich zeigt sich das Zusatzproblem, dass die Akteure für die Situationsbeurteilung ihr eigenes Verhalten, ihre Mentalität und ihren Lebensstil ausklammern.

Deshalb komme ich auf eine grundsätzliche Bemerkung zurück: Es gibt weder ein persönliches noch ein gemeinsames Handeln ohne Gewaltanteile. Selbst Jesus hat sich von Gegenpositionen und von Gegengruppen abgegrenzt. Denn immer werden Grenzen gesetzt, Möglichkeiten eingeschränkt oder moralische Urteile gefällt, Minderheiten in die Pflicht genommen. Doch diese Gewaltanteile lassen sich steigern. Man lässt zu, dass andere unter Druck geraten, oder setzt sie direkt unter Druck. Man zwingt ihnen eigene Überzeugungen auf oder lässt zu, dass sie gleich gar nicht zu Wort kommen, bietet den einen die Kommunikation an, die man anderen untersagt.

Vor diesem Hintergrund ergibt sich für den Fundamentalismus kein erfreuliches Profil. Die häufigen politischen Initiativen mit ihrer Konzentration auf Fragen privater Moral folgen einem vormodernen Menschenbild, das die Menschen in strenge Regeln einbindet. Nicht als ob Regeln und gemeinsame Absprachen überflüssig wären, aber es gibt kein Bemühen, sie von neuen Herausforderungen her neu zu konzipieren. Zur Not werden sie diskussionslos durchgesetzt.

Es gibt in Deutschland fundamentalistische Glaubensgemeinschaften, die in ihrer Privatschule Rassenkunde lehren und unter Berufung auf die Bibel mit Prügelstrafe arbeiten. Unter fundamentalistischen Kreisen wird ein Buch vertrieben von Michael und Debi Pearl mit dem Titel: *Wie man einen Knaben gewöhnt* (2010). Darin heißt es:

> Wenn Sie sich auf das Kind setzen müssen, um es zu versohlen, dann zögern Sie nicht. Und halten Sie es so lange in dieser

> Stellung, bis es aufgegeben hat. … Manchmal bei älteren Kindern, wenn die Schläge nicht kräftig genug sind, ist das Kind noch aufmüpfisch. Wenn das der Fall ist, nehmen Sie sich Zeit zum Erklären und versohlen Sie weiter. Hören Sie mit Ihrer Disziplin nie auf, bevor das Kind sich ergeben hat.

Solche Praktiken, die in vielen Kreisen geduldet und relativiert werden, symbolisieren die gewaltfördernde Überzeugung, dass anstehende Fragen verdrängt und weggeprügelt werden; der Kreislauf von staatlicher Gewalt und Gegengewalt wird erhöht. Noch deutlicher zeigt sich das im allgemeinen politischen Bewusstsein. Bis hin zu Benedikt XVI. ist es geprägt von autoritären Neigungen und gesellschaftlichen Regelungen, die ihrerseits Gewalt provozierten und förderten. In jedem Fall gab es vorschnell Zuweisungen gegenüber solchen, die den gängigen Verhaltenscodes nicht entsprachen, ferner einen eklatanten Empathiemangel gegenüber Ausgegrenzten und Marginalisierten dieser Gesellschaft. Das bezeugt etwa die schreckliche – noch kaum aufgearbeitete – Geschichte der deutschen Erziehungsheime im vergangenen Jahrhundert. Sie wurden im Geiste eines fundamentalistischen Rigorismus geführt, weil nicht Menschen, sondern Sünder (oft im wörtlichen Sinn »Kinder der Sünde«) und ein vermeintlich objektives Wahrheitsmodell im Mittelpunkt standen.

Im Namen klarer Orientierung und einer rigorosen Moral begünstigte man Strukturen, die *Regelkreise der Gewalt* eskalieren lassen, statt zu deren ständiger Deeskalation beizutragen. Im Namen geordneter Verhältnisse stärkte man Straf- und Polizeipraktiken, statt für ein menschenfreundliches Klima zu sorgen. In den politischen Optionen und im Alltagsverhalten war das moderne Menschenrechtsbewusstsein nicht gut ausgeprägt, Regeln der Antidiskriminierung von Frauen, Alten oder Schwulen wurden zur Seite geschoben. Die männerorientierte Ursünde aller Weltreligionen (Unterdrückung von Frauen, Ausbeutung weiblicher Sexualität, ihre Verbannung in den Haushalt, Benachteiligung in der Erziehung und Ausbildung) wurde nach wie vor hingenommen oder unter Berufung auf die Bibel gestärkt. Die Liebe zu geordneten Innenverhältnissen ließ erneut ein autoritäres Grundmuster erkennen, das Gewaltanteile zur Regelung gesellschaftlicher Verhältnisse gern in Kauf nimmt.

Im katholischen Raum hat sich die *Liebe zur »Mutter Kirche«* als umfassende Antwort auf den Antimodernismus durchgesetzt; weltfern und lebensunfähig zieht man sich auf den Schoß der Mutter zurück, um die böse Welt sich selbst und ihren harten Regeln zu überlassen. Diese Mutterliebe verschärft die Problematik der Gesprächsverweigerung, wirkt regressiv und verlockt dazu, auf frühkindliche Reaktionen zurückzufallen, die mit der erforderlichen Mündigkeit und dem modernen Freiheitsanspruch noch nicht zurechtkommen. Diese mich schützende und nährende Kirche tritt schlicht an die Stelle Christi. Die Zuwendung zu einem komplexen religiösen Programm (Auseinandersetzung mit der Schrift, der christlichen Lehre, Integration moderner Naturwissenschaften) und die Suche nach einem zukunftsfähigen Lebensstil werden auf infantile Sehnsüchte verkürzt und damit verfälscht. Ein Kirchenlied (Ch. B. Verspoell, 1810), das sich vor kurzem noch hoher Beliebtheit erfreute und zu feierlichen Anlässen gesungen wurde, fasst diese Mentalität eindrücklich zusammen:

> Fest soll mein Taufbund immer stehn, ich will die Kirche hören.
> Sie soll mich allzeit gläubig sehn und folgsam ihren Lehren.

Dank sei dem Herrn, der mich aus Gnad'
in seine Kirch' berufen hat,
nie will ich von ihr weichen.

Es war, wohlgemerkt, die Kirche selbst, die dieses Lied singen ließ. Sie propagierte damit eine Egozentrik und eine Selbstliebe in ideologischer Perfektion, der bislang in vielfacher Weise eine neue Prachtentfaltung bei päpstlichen Gottesdiensten und Großereignissen entsprach. Ob dies der persönlichen Eitelkeit von Papst Benedikt entspricht, ist völlig uninteressant. Hier interessiert nur, dass seine Botschaft das legitime Interesse des christlichen Glaubens in ungeheuerlicher Weise simplifizierte und auf eine verkürzte Kirchenfrömmigkeit reduzierte. Gläubige, die Jesus nachfolgen wollten und Orientierung erbaten, erhielten die Anweisung, sie sollten den Worten des Papstes folgen, seine Stimme in Rom hören, demütig seinen Anordnungen Folge leisten und den Katechismus lesen, den er wesentlich mitgeprägt hat. Wer dies zu seiner Lebensregel gemacht hat, wird sich auch in säkular politischen Fragen Menschen suchen, die simple Wege propagieren. Der Guru, der die nötigen Anweisungen gibt, wird sich finden. Eine Kirche, die auf ihrem Weg so verletzte und gedemütigte Menschen zurücklässt, hat ihre Sendung verfehlt.

8. Warum habt ihr solche Angst?

Nach offizieller Lehre gilt der Bischof von Rom in Glaubens- und Sittenfragen als der oberste Hüter. Wer antwortet, wenn er selbst nach dem wahren Glauben fragt – muss er seine eigenen Worte hören? Oder soll er als Einziger die

Wahrheit Christi authentisch verstehen? Gewiss, in der Geschichte der Religionen tauchen immer wieder außerordentliche Frauen oder Männer auf, die als authentische Boten der Wahrheit auftreten und als solche eine öffentliche Wirkung erlangen. Es sind Propheten oder große Lehrer der Weisheit, so wie Buddha, Jesus oder Muhammad. Auf die Frage nach dem neuen Weg konnte dann geantwortet werden: Schaut auf sie oder auf ihn, ihnen könnt ihr vertrauen! Eine solche Funktion kann dem Papsttum nie zukommen. Wollte ein Papst also die Mission wirklich ausfüllen, die ihm eine antimodernistische Ideologie zuerkennt, dann müsste er eine geradezu welterschütternde Sendung auf sich nehmen und zum Ziele führen. Dies ihm aufzuladen, wäre absurd.

Zu einer solchen höchst problematischen Engführung führt eine Ideologie, die sich nur noch von Weltkritik treiben lässt und ihre Weltsolidarität im Grunde aufgegeben hat. Für diesen Fundamentalismus ist nützlich, was der Institution Kirche nützt. Aber ein solch selbstbezogener Eifer überwindet Gewalt nicht, sondern produziert sie und verhöhnt die menschliche Sehnsucht nach eigener Identität. Nicht als ob der Fundamentalismus Böses im Schilde führte, das würde er weit von sich weisen. Aber seine fehlgeleitete Leidenschaft lässt ihn das Böse ebenso verdrängen wie die sich täglich ereignende Gewalt, die er in seiner Angst vor der Freiheit produziert.

Ich versuche, das Gemeinte in einer eindrücklichen biblischen Metapher zusammenzufassen: Papst Benedikt hat in seiner angstbesetzten Wahlrede von der Kirche als dem kleinen Boot gesprochen, das von den Stürmen des Relativismus bedrängt werde. Dabei hat er das Ende dieser Geschichte vergessen: *Jesus selbst schläft im Boot.* Erschreckt wecken ihn die Jünger und in gut fundamentalistischer Erregung rufen sie: »Herr, rette uns, wir gehen zugrunde!« Er antwortet mit einer Frage: »Warum habt ihr solche Angst, ihr Kleingläubigen?« Joseph Ratzinger hatte den Sinn der Geschichte wohl nicht begriffen, erst recht nicht den Sinn einer ähnlichen Geschichte, in der Petrus seinen Meister Jesus – über das Wasser wandelnd – auf sich zukommen sieht. Petrus geht ihm entgegen, bekommt aber Angst und geht prompt unter. Offensichtlich hat Petrus, von der Gegenwart ins Wasser getrieben, vom Kernimpuls der christlichen Botschaft noch nicht viel verstanden. Jesus antwortet ihm: »Weg mit dir, Satan, geh mir aus den Augen« (Mt 16,23), dies schreibt Matthäus nur fünf Sätze, nachdem er ihn den Fels genannt hatte. Wer sich auf das Felswort beruft, muss sich auch das Satanswort zu Herzen nehmen, sonst verdreht er das erste zu einer fundamentalistischen Definition.

Nach Möglichkeit habe ich versucht, dem Fundamentalismus fair zu begegnen und seine gewiss respektablen Motive zu würdigen. Dennoch ist die Analyse zu einem überraschend einfachen Punkt gekommen. Denn der Fundamentalismus, welcher Prägung auch immer, verstrickt sich zuletzt in Mechanismen der autoritären Selbstbestätigung. Katholisch gesprochen: Die ganze Glaubenspraxis wird auf die Verehrung des Papstes und der Mutter Kirche reduziert. Um dies zu verstehen, braucht man plötzlich weder die Theologie noch die Geschichte oder die Geheimnisse der Moderne zu bemühen. Der Fundamentalismus, der mit einer kritischen Gesprächsverweigerung beginnt, endet mit einer grandiosen Selbstbestätigung und *Selbstbezogenheit.* Dadurch gewinnt er, dessen Identität wir in verschiedenen Anläufen entschlüsselten, doch wieder eine große

Unschärfe. Er wird zu einem sehr menschlichen Produkt und spiegelt nur eine elementar menschliche Reaktion. Viele Menschen fallen auch außerhalb der Religionen darauf zurück, wenn sie die Welt nicht mehr verstehen. Sie flüchten sich in ihre Rechthaberei und neigen zunehmend dazu, Willkür, Autoritarismus oder Gewalt an die Stelle mühsamer und respektvoller Reaktion zu setzen.

Umso verständlicher ist, dass sich vermutlich keine Kirchen- oder Glaubensgemeinschaft fundamentalistisch nennt. Damit entwickelt sich der Begriff des Fundamentalismus immer mehr zur Kennzeichnung einer Grundhaltung, die sich – auf der Basis eines konservativen und antiliberalen Glaubensbekenntnisses – der neuen, reflexiven Komplexität von Gesellschaft, Kultur und Religion verschließt und stattdessen auf ein autoritäres Glaubens- und Ordnungsmodell zurückfällt.

Es gibt einen christlichen Fundamentalismus. Diese bezieht sich in allen seinen Formen auf Bibel und christliche Tradition und fasst in konservativen und »bibeltreuen« Konfessionen Fuß. Diesen Fundamentalismus gibt es in den reformatorischen Kirchen, den Freikirchen, in den Unabhängigen Kirchen Afrikas, auch in den Mitgliedskirchen der Evangelischen Allianz. Doch vor deren vorbehaltloser Identifikation mit dem Fundamentalismus ist zu warnen, denn in der Regel lehnen diese Kirchen (Pietisten, Evangelikale oder Pfingstkirchen) diese Bezeichnung ab. Nach ihren Selbstaussagen setzen sich jedenfalls deutschsprachige Gruppierungen innerhalb bestimmter Grenzen auch kritisch-konstruktiv mit der Bibel, der Wissenschaft oder neuen kulturellen Erscheinungen auseinander. Dadurch verlagert sich der Begriff über Konfessionen und Denominationen hinweg auf eine bestimmte *Grundorientierung* oder Sonderströmung, die in der römisch-katholischen Kirche ausgerechnet von der Führungsschicht vertreten wird. Sie hält in den betroffenen Kirchen jeweils den härtesten, intoleranten rechten Flügel besetzt und versagt sich der Kooperation mit anderen. Damit entsteht eine paradoxe Situation: Trotz überwältigender Ähnlichkeit untereinander versagen sich diese Flügel einer jeden Kooperation. Fundamentalismus und Ökumene bilden einen unverträglichen Widerspruch. Dies gilt auch für die Beziehungen zur römisch-katholischen Kirche. Trotz aller Ähnlichkeiten in Mentalität und Inhalten ist die Ökumene wegen ihrer hochkirchlichen Strukturen für den Fundamentalismus inakzeptabel. Dies allerdings beruht auf Gegenseitigkeit.

VI. Glaube in einer säkularen Gesellschaft

1. Die Pest der weltweiten Gewalt

Als weltweite Religionsgemeinschaft mit ihren 1,28 Milliarden Angehörigen steht die römisch-katholische Kirche in einem globalen Kontext und spielt darin eine wichtige Rolle. Zwar ist ihr offizieller Kurs zu beklagen, denn die Auswirkungen ihres Regimes in Sachen Ökumene, Stellung der Frau, Sexualmoral oder Gesellschaftspolitik sind verheerend; die Christinnen und Christen innerhalb und außerhalb ihres Rechtsverbandes hätten etwas anderes verdient. Aber realistisch betrachtet haben wir es mit keiner Sonderentwicklung, nicht einmal mit einer christlichen Spezialität zu tun, sondern mit einer Bewegung, die auch andere Religionen und Kulturen in ihren Sog zieht. Vielleicht kann sie im Gesamtkonzert destruktiver Auswüchse sogar mäßigend wirken.

Auf Vorläufer und Entstehung des Fundamentalismus in Judentum, Islam oder den Religionen Indiens ist hier nicht einzugehen, in Methoden und Strukturen sind sie vergleichbar. Sie alle ziehen sich streng auf ihre Kerntexte und Kernüberzeugungen zurück und stellen diese kompromisslos und ohne jede Vermittlung den aktuellen politischen oder kulturellen Entwicklungen entgegen. Damit politisieren sie ihre Religion, in der sie alle Rettung suchen vor dem beklagten Zerfall von Religion, Glauben, persönlicher und öffentlicher Moral. Zugleich konfrontieren sie die Gegenwart mit den *religiösen* Vorstellungen und *Denkwelten* der Zeit, in denen sie und ihre kanonischen Schriften entstanden sind. Die Einführung der Scharia in archaischen Ausprägungen (mit

Steinigung oder Abhacken der Hand als Strafe) gilt dafür als abschreckendes Beispiel.

Allerdings gibt es für das Entstehen des christlichen Fundamentalismus vorrangig *innere Gründe;* man hat sich um die Auslegung der Bibel gestritten oder den religiösen Zerfall in der Moderne beklagt. Dagegen entzündet sich der Fundamentalismus anderer Religionen an *äußeren Faktoren:* So sieht sich etwa das europäische Judentum von der christlichen Leitkultur zunehmend an den Rand gedrängt, daraufhin entwickelt man zionistische Tendenzen. Der Islam des Nahen Ostens oder Ägyptens hingegen wird seit dem 19. Jahrhundert von westlichen Mächten gedemütigt und mit wirtschaftlichen Umwälzungen überzogen. Das schafft andere Konstellationen als im Süden der USA; vor allem reagieren die Gedemütigten auf massives Unrecht, gegen das sie sich mit gutem Recht wehren.

Bleiben wir zur Illustration beim Islam: Seine Kritik an der Moderne entpuppt sich als Kritik an der expansiven Macht- und Wirtschaftspolitik des Westens. Zwar initiiert auch er eine Rückkehr zu seinen Quellen; man versichert sich seiner eigenen Identität. Diese Restauration ist aber nicht aus einem inneren Unfrieden (Streit um die heiligen Quellen), sondern aus der nationalen, kulturellen oder politischen Not geboren (Kolonialherrschaft und wirtschaftliche Ausbeutung). Maßgebliches Ziel bleiben Widerstandsfähigkeit und erfolgreiche Widerstandspraxis gegen die zerstörerischen westlichen Mächte, die man als christlich oder als gottlos begreift. Daraus entsteht ein Sendungsbewusstsein von religiöser, aber zugleich politischer Art.

So steht keine innere, sondern eine *äußere Verweigerung* auf der Tagesordnung. Unter diesen Umständen wird Glaubenserneuerung nicht gefordert, sondern als unverzichtbare

Hilfe erfahren. Verweigerung bedeutet: kein Streit um Auslegung oder abstrakte Wahrheiten, sondern politischer Widerstand; das Feld der Auseinandersetzung findet statt als Kampf um politische Macht. Daraus werden zwei Dimensionen verständlich, die auf westliche Beobachter oft verwirrend wirken:

– Der religiöse Charakter dieser Bewegungen wird vage und ist sicher nicht am Maß religiöser Innerlichkeit zu messen, denn die sozialen, ethnischen oder politischen Elemente können stark überwiegen. Gibt etwa bei der Muslimbruderschaft in Ägypten der Islam als Religion den Ausschlag, oder wird der Islam für ethnische, soziale oder politische Ziele instrumentalisiert? Diese Alternative ist kaum zu beantworten, weil für die Akteure absurd. Neuere Untersuchungen kommen eher zu einem differenzierten Urteil: Kaum einer der großen »religiösen« Konflikte ist wirklich religiös motiviert; es geht um ethnische, soziale oder *politische Probleme.* Aber die Religion wird ins Boot geholt, weil sie die Bevölkerung motivieren kann; sie wird mithin missbraucht. Allerdings ist damit die Frage noch nicht beantwortet, warum sie sich zur Rechtfertigung von Gewalt missbrauchen lässt.
– Schon die Auseinandersetzungen des christlichen Fundamentalismus beinhalten, wie oben ausgeführt, ein hohes Maß an innerer destruktiver Aggressivität und Repression. Ansonsten hat man sich an demokratische Regeln, zumindest an die Regeln der Gewaltlosigkeit zu halten. Für andere fundamentalistische Bewegungen, die meist in den Erfahrungen des Kolonialismus verwurzelt sind, gilt diese strenge Begrenzung nicht. Nicht alle sind gewalttätig, schließlich lehnen alle Weltreligionen Gewalt gegen Personen als Mittel der Auseinandersetzung ab. Doch die beunruhigenden

Bewegungen, die wir aus dem muslimischen Raum kennen, haben in verschiedenem Maße *Gewalt oder gar Terror* in ihr Programm aufgenommen. Das gilt für die Alawiten und Al-Qaida, für die Ideologie der Salafisten, der Taliban und Wahhabiten oder wie sie auch heißen; das gilt auch für die Gottesstaat-Ideologie der iranischen Schiiten, sofern sie sich den Reformen des Ayatollah Khomeini angeschlossen haben. Mahmud Ahmadinedschad, der jetzige Staatspräsident des Iran, hat für einen religiös legitimierten Gewalteinsatz eine geradezu paradigmatische Bedeutung erlangt.

Ihre Verherrlichung der Gewalt ist, in welcher Form auch immer, unannehmbar, man muss aber ihre Situation sehen. Diese Gruppierungen kämpfen gegen Zustände, die sie und ihre Schutzbefohlenen schon seit Jahrzehnten, bisweilen seit dem 19. Jahrhundert mit Gewalt, Krieg und Grausamkeit überziehen; das durch die Eindringlinge vergossene Blut ist mehr als genug und dem muss ein Ende gesetzt werden. Wer sich zu einem Suizidattentat hinreißen lässt, dem stünde als Alternative wohl keine verheißungsvolle irdische Zukunft bevor, und je elender das Leben der Hinterbliebenen (Mütter, Väter und Geschwister) bleibt, umso mehr verehren sie ihre Söhne als Helden, die dem Willen Allahs gefolgt sind, der ihnen Gerechtigkeit verschafft. Vieles an grausamem Verhalten entspringt diesen Gefühlen der *Hilflosigkeit*, Notwehr und einer Rache, die ein dunkler religiöser Fanatismus zusätzlich erhitzt hat. Aus den grausamen Auseinandersetzungen in Syrien wird berichtet, dass viele Kämpfer erst im Laufe dieses Bürgerkriegs religiös wurden. Oder wie kann man geschundenen Palästinensern im Gazastreifen dafür Vorwürfe machen, dass sie auf israelische Städte Raketen abfeuern, weil in ihnen jede moralische Hemmung zerbricht, die Unterdrücker zu vernichten? Damit rechtfertige ich diese Gewaltstrategien nicht und ich übersehe nicht, dass es selbst in dieser Lage humanere Möglichkeiten gibt zu reagieren. Aber ich versuche zu verstehen, aus welcher Situation solche Gräueltaten entstehen und wie sehr sie ein Spiegel der Situation sind, gegen die sich gewalttätige Bewegungen wehren.

Durch diese Hinweise wird der Begriff des Fundamentalismus noch unschärfer, als er ehedem schon war. Erinnern wir uns: In den evangelischen Kirchen hat sich der christliche Fundamentalismus in unterschiedlicher Weise niedergeschlagen und je nach Kontext eine andere Gestalt gewonnen. Es gibt Verwandtschaften mit dem Pietismus, mit evangelikalen und charismatischen Gruppen und mit zahllosen Sondergemeinschaften, die sich oft zu skurrilen Einzelgruppierungen zusammenfanden. In der Regel stimmen sie überein in den *fundamentals* und der globalen Ablehnung der kritischen Exegese sowie in strengen Sexualvorschriften. Demokratie und Fragen der Menschenrechte gehören nicht gerade zu ihren Vorlieben und alle sind sie vom Bewusstsein eines »besseren Glaubens« besessen. Der Weltrat der Kirche ist ihnen zu links und von Ökumene ist keine Rede; die faktische Ökumene vergleichbarer Überzeugungen wird eher verdrängt.

Das Verhältnis des Islam zur Gewalt ist hochdifferenziert. Dass die große Mehrheit des Weltislam Gewalt ablehnt, wird ebenso wenig zur Kenntnis genommen wie die Tatsache, dass die hier bekannten gewaltbereiten »islamistischen« Bewegungen nicht gerade aus den Inspirationen ihres Glaubens leben. Deshalb kann man es als ein Unglück betrachten, dass sich das Schlagwort »Fundamentalismus« zur Kennzeichnung gewaltbereiter Bewegungen durchgesetzt hat. Auf der anderen Seite sollten christliche Fundamentalisten – einschließlich des römisch-katholischen Antimodernismus – *selbstkritisch* die Seuche der Gewalt zur Kenntnis nehmen, die von fundamentalistischen Bewegungen ausgehen. Die Nachrichten liefern uns täglich erschreckende Beispiele.

Deshalb schlage ich vor, auch die *verborgenen* und nicht verarbeiteten *Gewaltanteile* des christlichen Fundamentalismus und Antimodernismus zur Kenntnis zu nehmen. Solange er die Frage der Gewalt in all ihren Schattierungen nicht aufarbeitet, schwimmt er mit in der globalen Mentalität der Intoleranz, aggressiver Gottesbilder, apokalyptischer Zukunftsvisionen, der Sehnsucht nach Gottesstaaten und autoritären Verhältnissen sowie einer inhumanen Politisierung der Religionen. Wenn die Führungseliten der römisch-katholischen Kirche die Würde des Menschen endlich in den Mittelpunkt ihres Handelns rückten, sich mit allem, was dazu gehört, glaubwürdig für Gleichberechtigung und eine humane Sexualmoral einsetzten, und tatsächlich die urbiblische Leidenschaft für eine weltweite Gerechtigkeit auf ihre Fahnen schreiben würden, dann könnten sie weltweite Wirkung erzielen.

Wer will und wer kann denn dem grassierenden Fundamentalismus des Terrors Grenzen setzen? Dazu ist nur eine moralisch anerkannte Instanz fähig. Wer anders könnte das Thema auf die Weltordnung setzen als eine Glaubensgemeinschaft, die über eine Milliarde Menschen zählt? Andere christliche Kirchen würden sich schnell anschließen und aus anderen Religionen käme schnell Zustimmung. Da das nicht geschieht, sind wir weltweit der Bedrohung durch gewissenlose Gruppierungen ausgesetzt, die alles moralische Maß verloren haben. Es ist der undemokratische und egozentrische Antimodernismus römisch-katholischer Provenienz, der als Blockade wirkt. Bislang war sich Rom dieser Verantwortung nicht bewusst und wollte es nicht sein. Was aber können wir dennoch tun? Wie können wir verhindern, dass Religionen unter dem Druck ungerechter Weltverhältnisse noch mehr zu Gewaltreligionen degenerieren?

2. Säkularisierung – ein Ausweg?

Nicht nur profilierte Neo-Atheisten, sondern auch Populisten und Stammtischpolitiker beantworten die gegenwärtige Situation mit dem absurden Ruf nach Abschaffung der Religionen. Das zu fordern ist naiv. Zum einen sind die Religionen nur ausnahmsweise Quelle der Gewalt und zum anderen wird übersehen, wie oft Religionen umgekehrt zur Quelle der Versöhnung werden. Wir wissen, dass es eine Religion an sich nicht gibt; vielmehr funktioniert sie nur im Kontext einer jeweils konkreten Lebenswelt. Zudem ist der »christliche« Kulturkreis nicht dem Vorwurf einer gewalttätigen Religion ausgesetzt und der innerchristliche Fundamentalismus bildet für den gängigen Islam kein Problem. Die Kritik lautet umgekehrt, dass der westliche Religionsverlust alle Regeln für ein respektvolles, gerechtes und menschenwürdiges Handeln zerstört. Mancher missionarische Drang muslimischer Gruppen erklärt sich nicht aus dem Versuch, uns ihren eigenen Glauben aufzudrängen, sondern aus dem Versuch, uns überhaupt wieder Respekt vor Gott zu vermitteln. Sie haben der westlichen Säkularisierung den Kampf angesagt.

Papst Benedikt konnte damit einverstanden sein. Auch er verstand die Säkularisierung als eine Abkehr vom Glauben an Gott, als ein Verschwinden des Sinns für das Heilige. Er stellte dieser Bewegung Aktionen zur Neuevangelisierung entgegen; dabei dachte er weniger an die elementare evangelische Botschaft als an das institutionalisierte Lehrsystem seiner eigenen Kirche. Hochkirchlich, wie er orientiert ist, lautete seine Botschaft: Aufwertung des Lehramts, Einsatz des kirchenoffiziellen Katechismus sowie Stärkung der traditionellen christlichen Volksreligiosität. Doch diese Vision scheint mir ebenso naiv wie das Konzept der Religionskritiker. Keine der beiden Strategien trifft das eigentliche Problem. Säkularisierung besagt ja nicht einfach Religionsverlust, schon gar nicht die Abkehr einer ungläubigen Gesellschaft von Gott. Sie ist vielmehr die Folge eines höchst komplexen Prozesses, der – wie sattsam bekannt – mit der *wachsenden Differenzierung* unserer Gesellschaft beginnt und über den Umweg der Demokratisierung zusätzlich dazu führt, dass die christlichen Kirchen mit ihren institutionalisierten Lehr- und Moralsystemen die Definitionshoheit über Kultur und Gesellschaft verlieren. Genau diese Entwicklung hat zur Verunsicherung und zu den unerleuchteten fundamentalistischen Reaktionen geführt. So gerieten Kommunikation und Interaktionen mehr und mehr zur Konfrontation, die einvernehmlichen Diskurse zu einseitigen Belehrungen.

In Folge dieser Entwicklungen sind Religion und Religiosität gerade nicht verschwunden, sondern haben sich aus dem öffentlichen in den privaten Bereich verlagert; insofern hatte das Schlagwort »Religion ist Privatsache« seinen Sinn, wenn auch keinen Tiefgang. Denn im Bereich einer demokratisch orientierten Zivilgesellschaft, also nicht nur in konservativ und autoritär orientierten Schichten, gewinnt Religion wieder an Gewicht, wozu nicht zuletzt die Konfrontation mit dem anti-westlichen Fundamentalismus beiträgt. Religionen haben immer noch eine enorme kulturelle, politische und moralische, eine unverzichtbar weltethische Bedeutung. Allerdings bleibt es dabei: Die traditionell führenden, hoch institutionalisierten und machtbewussten Kirchen Westeuropas haben dabei massiv an Einfluss verloren. Zwar versetzt ein Papstbesuch noch die Sicherheitsdienste eines gesamten Staatswesens in Angst und Schrecken, aber von einer geistlichen Tiefenwirkung ist nur wenig zu spüren.

Mit dieser Situation können die Kirchenleitungen nur schwer umgehen und weichen in ihrer Panik auf autoritäre Reaktionen aus. So ist ihre Attraktivität nicht gestiegen, obwohl – zumal in säkularisierten Verhältnissen – die Voraussetzung für eine elementare Kommunikation gegeben wäre. Die Einzelfragen sind hier nicht genauer zu analysieren. Wichtig sollte für uns die Grunderkenntnis sein: In einer komplexen Gesellschaft verlieren religiöse Institutionen zwar ihre Generalkompetenz, deshalb müssen sie sich mit Argumenten und glaubwürdigem Handeln in den Diskurs einbringen und fundamentalistische Reaktionen müssen ohnehin scheitern. Aber die *Sinn- und Orientierungsfragen* der Menschen sind in keiner Weise verschwunden. Es geht um Herkunft und Zukunft von Mensch und Welt, um einen überzeugenden Lebenssinn, um Leiderfahrungen und – für prophetische Religionen das schwerwiegendste Problem – um die himmelschreiende Ungerechtigkeit der Welt. Schon Ende der 1960er Jahre waren es (von Joseph Ratzinger völlig ignoriert) ausgerechnet neo-marxistische Theoretiker wie Max Horkheimer, Theodor W. Adorno oder Ernst Bloch, die an diese unausrottbaren theologischen Fragen erinnert haben. Der Konkurrenz von nicht-religiösen Antworten hätte man sich getrost aussetzen können. Warum aber haben die Kirchen diese Verlagerungsprozesse nicht schadenfrei überstanden? Genauer gefragt: Warum wollten sie sich diesen Prozessen nicht ohne Selbstbeschädigung stellen?

Ein wichtiger Grund liegt in den inflexiblen institutionellen Ansprüchen der Kirchen selbst, die sich als Verkünder des christlichen Glaubens präsentierten, ohne auf die gewandelte Gesprächssituation angemessen zu reagieren. Gerade dort, wo gängige Glaubensverkündigung und neue Diskursformen aufeinanderprallen, bezahlten die offiziellen Institutionen ihren Preis.

Vor diesem Hintergrund komme ich hier auf den Begriff der *Vernunft* zu sprechen, der auch im Zentrum der Säkularisierungsprozesse steht. Vernunft oder Rationalität nennen wir die Fähigkeit zu einer offenen und repressionsfreien Argumentation, die Argumente in verständlicher Weise öffnen und mitteilen, zugleich auf Argumente hören und auf sie eingehen kann. Vernunft ist die Grundlage für den Prozess, der heute Dialog genannt wird und den die Bischöfe Deutschlands so sehr scheuen. Das Standardmedium der Vernunft ist die Sprache, ihre Kommunikationsmittel sind Frage und Antwort. Dekretierende Kommunikation und die autoritäre Festlegung von Wahrheiten verhindern gerade deren Weitergabe, dies jedenfalls auf der elementaren Ebene zwischenmenschlicher Kommunikation.

Für mich ist die Erfahrung eines solchen *Kommunikationsmangels* – diese stotternde, sich stets neu blockierende Vernunft der traditionellen Glaubensverkündigung – der entscheidende Grund für das Verschwinden des Glaubens aus dem öffentlichen, von Institutionen getragenen Diskurs. Sie erklärt auch, warum auf zivilgesellschaftlicher Ebene (die modernen Medien eingeschlossen) der Motor neuer Kommunikation in den vergangenen zwanzig Jahren nicht neu angesprungen ist. Innerkatholisch gesprochen ist es die Quittung für die Missachtung genau der Impulse, die das Zweite Vaticanum gegeben hat.

Selbst im Jahre 2013 hat sich nichts verbessert. Ich denke an die *Sprachlosigkeit* der Kirche bei all den Missbrauchs- und Vertuschungsaffären der vergangenen Jahre. Ich denke an die merkwürdige Kommunikationslosigkeit, die sich über den Papstbesuch vom September 2011 legte. Und ich erinnere an die geradezu absurde Situation einer Kirche, die zum Dialogprozess aufruft, ihn dann zum Gesprächsprozess herabstuft, von einem Drittel ihrer Bischöfe blockiert wird und schließlich nur noch zu erklären weiß, welche Forderungen »nicht verhandelbar« seien. Eine Institution, die sich dermaßen aus allen Gesprächssituationen herauskatapultiert, hat es verdient, dass man sie mit Schweigen übergeht. Damit beweist wenigstens die Gesellschaft, dass sie vernünftig zu reagieren weiß.

Nach meinem Urteil war unsere offizielle Kirche bislang von einem tiefen spirituellen Solidaritätsmangel gegenüber unserer Gesellschaft geprägt. Was sich da ereignet, gedacht und verhandelt wird, schien sie nicht zu interessieren. Man erwartete deren stumme und reuige Rückkehr in ein angestaubtes, autoritär und feudal geprägtes Vaterhaus, in dem eine höhere, eben nicht die normale Vernunft herrschte, obwohl diese doch fähig sein könnte, eine ganze Welt umzugestalten. So müsste die so säkulare menschliche Vernunft zum entscheidenden Medium werden, mit deren Hilfe sich die fundamentalistischen Verhärtungen auflösen ließen. In einer Religionsgemeinschaft, die bis heute der Philosophie einen so hohen Stellenwert einräumt, kann die Säkularisierung unserer Gesellschaft kein verlegener Ausweg sein, sondern muss die neue Vorbedingung für einen vernünftig menschlichen Diskurs bilden.

3. Heilung durch Säkularisierung oder Vernunft?

Weder der Säkularisierung noch der Vernunft kommt ein neuer Heilsstatus zu. Ebenso wie die Aufklärung gibt »Säkularisierung« eine faktisch in sich plausible Entwicklung wieder und hat die Vernunft – ganz wie auch in der traditionell christlichen Tradition – eine instrumentelle Funktion. Es ist aber an der Zeit, sie mit neuem Nachdruck zu Ehren zu bringen. Denn in verschiedenem Maße ist die römisch-katholische Tradition, wie wir sahen, von den genannten Fehlformen der Frömmigkeit infiziert: der Nostalgie, dem Satzpositivismus, der Tabuisierung des Heiligen und einem unfreien Glaubensgehorsam. Indem die Moderne zum bedrohlichen Gegner erklärt wurde, erhielten diese Fehlformen im Fundamentalismus ihre gefährliche Legitimation. Dagegen ist massiv zu protestieren, denn dieser Fundamentalismus, seine Grundhaltung und Denkform, wurde inzwischen zur Seuche. Er hat globale Dimensionen erreicht und alle Barrieren gegen Menschenverachtung, Terror und Gewalt niedergerissen. Fundamentalismen, so gemäßigt und religiös sie sich auch gebärden, können dieser Gewaltinfektion keinen Widerstand mehr leisten. Sie tragen Mitverantwortung an allem, was im Namen autoritärer Gesprächs- und Denkverweigerung geschieht. Diese Bewegung zerstört nicht nur Werte und Traditionen, sondern auch den vernünftigen Umgang mit Sinnfragen, zerstört selbst die elementaren Grundlagen der eigenen religiösen Tradition. Es hat seine guten Gründe, dass die europäischen Kirchen heute vor dem Abbruch ihrer religiösen Traditionen stehen.

Die Lage ist dramatisch und provoziert die Frage: Wie in Gottes Namen können wir *zu einer Vernunft finden,* die sich dem Glauben öffnet und dennoch menschenfreundlich, frei und gegenwartsbezogen reagiert? Natürlich müssen wir auf der Überwindung unserer Gesprächsblockaden, unserer Besserwisserei und unsolidarischen Überheblichkeit bestehen. Doch mit dieser Forderung allein kommen wir nicht weiter. Schließlich sind alle religiös Engagierten, auch die Kritikerinnen und Kritiker des Fundamentalismus, mit neuen Fragen konfrontiert und zu neuem Mitdenken aufgerufen. Es gibt schwierige Gegenfragen, die unser traditionelles Vernunftverständnis ebenso an seine Grenzen bringen wie die destruktiven Gegenstrategien von fundamentalistischer Prägung. Einige dieser *Gegenfragen* seien genannt und an Beispielen illustriert:

1. Können wir die Tatsache übersehen, dass wir die christliche Botschaft *aus der Vergangenheit empfangen* haben? Schließlich kann es nicht unser Ziel sein, die Erkenntnisse der Vergangenheit einfach zu ignorieren. Wir können nicht so tun, als beginne der christliche Glaube unter modernen Bedingungen neu, auch das Pathos von Vernunft und Aufklärung führt uns nicht weiter. Dies zwingt uns zu einer letzten Bescheidenheit. Vergangenes lässt sich nur als Erinnerung in die Gegenwart holen. So bedeutet etwa der Auferstehungsglaube immer ein polares Schweben zwischen einer Erzählung (der ich traue) und deren Einbettung in meine Erfahrung; sie findet aber unter ganz anderen Umständen statt. Lassen sie sich beschreiben?

In keinem Fall kann ich diesen Glauben als ein vergangenes Ereignis objektivieren, denn dies wäre der sicherste Weg, den Osterglauben zu verfehlen. Er würde zur Frage nach dem geschlossenen oder offenen Grab verfälscht. Das Bekenntnis muss so lauten, dass sich die naturwissenschaftliche Frage von vornherein verbietet. Deshalb kann keine der Parteien recht haben, die sich im Streit der bekannten Alternativen zerfleischen. Zu beantworten ist die Frage, was Jesus als Sohn des lebendigen Gottes hier und jetzt für mich bedeutet. Diese Bedeutung verlangt in jeder Generation eine modifizierte Antwort. Sie handelt von der aktuellen und aktuell wirksamen Bedeutung, dem unübertroffenen Sinn der Person Jesu vor Gott.

2. Wie können wir einen Glauben anders weitergeben als dadurch, dass wir uns auf bestimmte und *klare Aussagen* einigen, ohne deren Inhalte nach Felsenart zu verfestigen? Schließlich wollen wir die Glaubenssprache der Vergangenheit nicht in eine amorphe Befindlichkeit auflösen. An diese Frage knüpfen sich tiefsitzende und diffuse Ängste vieler Christen (vielleicht auch vieler Muslime, Juden und Hindus) an, die sich aus einem ambivalenten Gefühl speisen. Einerseits lässt sich die Individualisierung von Glaubensdeutungen nicht vermeiden, denn in Wirklichkeit arbeiten alle daran mit, die sich ein existentielles Glaubensleben und Glaubenserleben erarbeiten möchten. Und eines ist sicher: Von objektiven oder objektivierbaren Inhalten kann keine Rede sein, denken wir an die Sätze vom letzten Gericht und der Wiederkunft Christi am Ende der Welt, die herabfallenden Sterne und Trompetenstöße der Engel eingeschlossen. Andererseits – so die Erwartungshaltung der Glaubenden – muss doch ein überzeugender Sinn zu finden, plausibel zu begreifen und so vermittelbar sein, dass er einen Konsens ergibt, der in sich steht, also ein ver-stehen ermöglicht. Es gilt herauszufinden, was solche Bilder vom Ende, dem end-gültig Werden irdischer oder individueller Existenz im Blick auf die Botschaft Jesu besagen.

3. Gehören die Erfahrung und die *Pflege des Heiligen* nicht zu den Kennzeichen einer wirksamen religiösen Praxis? Religion beginnt immer mit der Erfahrung einer Wirklichkeit, die uns umfängt und die wir nicht einholen können. Diese Erfahrung des Unaussprechlichen muss einen erkennbaren Namen erhalten, auch wenn wir sie vorrangig in der Würde der Menschen oder der Schöpfung suchen. Zugleich muss er uns gegen alle Pseudoreligiosität schützen, die sich die Institutionen und Träger von Macht und Herrlichkeit angeeignet haben. Ist es möglich, dafür eine Sprache zu finden, die weltweit überzeugen kann und widerständig macht gegen die allseits beklagte Globalisierung von Wirtschaft, Finanzen, Technik und verführender Kommunikation?

An dieser Frage nach dem Unendlichen, das uns immer schon umgibt, hängt vielleicht der Kern der Glaubensproblematik und fundamentalistischer Auseinandersetzungen überhaupt. Denn in der Moderne wird dies eine besonders spürbar: Für Menschen ist die Sinnfrage – religiös oder säkular, agnostisch oder tief gläubig gestellt – unabweisbar. Zugleich ist sie durch keine eindeutige und verfügbare Festlegung zu beantworten. Im Bewusstsein vieler glaubender und nichtglaubender Menschen entzündet sich dieser Konflikt in einer Erkenntnis, die man negativ bewerten kann, wohl aber positiv bewerten sollte: dass Gott keine Person ist, die – nach Belieben und in Analogie zu Menschen – in den Gang von Welt und Menschenleben eingreift. Mit nichts bedrohen glaubende Menschen ihre Weltanschauung schärfer als mit einem *interventionistischen Gottesbild.* Selbst die so klar klingende Frage nach Gottes Existenz wird dem Göttlichen nicht gerecht und ist deshalb unangemessen. Dietrich Bonhoeffer schrieb einmal: »Ein Gott, den es gibt, gibt es nicht.« Aus diesem Grund führt auch das neuzeitliche

Theodizeeproblem, so wie es in der Regel besprochen und beantwortet wird, ebenso in die Irre wie die Meinung, wir könnten Gott durch intensive Fürbittgebete zum Eingreifen in die Geschichte oder in unsere Biographien bewegen.
Der Autor Max Feigenwinter hat den Ton solch säkular frommer und gegen den Fundamentalismus gefeiter Denkart wie folgt formuliert:

> Ich glaube, dass tief in uns eine Sehnsucht ist, die uns sagt, dass es mehr gibt, als wir zählen und messen können. Das Suchen nach dieser Kraft ist für mich ein religiöser Akt. Ich wünsche mir, dass suchende Menschen aufeinander zugehen, miteinander ins Gespräch kommen, voneinander lernen; habe aber Mühe mit Institutionen, die Antworten geben auf Fragen, die man gar nicht gestellt hat, vorschreiben, was man glauben muss, als ob man dies könnte.

4. *Wie frei* können wir Akte des Glaubens überhaupt setzen? Werden wir dazu nicht von einem unfehlbar leitenden Gott geführt, der als lenkender Weltenherr doch alles schon regelt und weiß (die Theologie spricht von göttlicher Vorsehung und Prädestination, kommt aber mit den Diskussionen nie ans Ende)? Und sollten wir uns dennoch frei zum Glauben entscheiden, dann sind wir doch wieder gefordert, unsere Freiheit gleich aufzugeben, da wir ja immer schon Verbindliches wahrnehmen, realisieren und weitergeben (die mittelalterliche Theologie lehrt uns, dass im Himmel unsere Wahlfreiheit ein für allemal zu Ende ist). Wir können die naturwissenschaftliche Leugnung der Freiheit nahtlos anfügen und sollten sie ernst nehmen, sei sie physikalischer oder soziologischer, psychologischer oder neurologischer Prägung. In dieser Frage liegt, wie mir scheint, das Kernproblem der

Moderne, die man so bedrohlich findet. Dagegen müssten wir der Moderne dafür dankbar sein, dass in ihr diese Aporie herausgearbeitet werden konnte.

Nach Hans Küng und anderen Denkern können wir uns dem höchst *fragilen Geheimnis* menschlicher Freiheit nur im Horizont eines unbedingten, keineswegs irrationalen Vertrauens nähern. Die angemessene Form der Annäherung nenne ich Gebet. In sich schon strahlt dieses Verborgene höchste Verbindlichkeit aus und aus sich heraus fordert es tiefste Ergebenheit. Das Verbindliche und zugleich Befreiende ist das, was wir immer suchen. Fundamentalistisch lässt sich die Frage in keinem Fall lösen, als habe Gottes Wort uns unsere Freiheit wie einen Lottogewinn zugesichert. Aus der Perspektive des (christlichen) Glaubens spiegelt diese Frage aber nur die vorhergehende Frage nach dem unendlichen Geheimnis. Wenn sich dieses unendliche Geheimnis in ungreifbaren Erfahrungen aufdrängt und ohne empirische Festlegungen trägt, dann können wir es nur als den Grund unserer Freiheit selbst begreifen. Deshalb versteht die christliche Tradition Gott immer als Geist. Diese Metapher ist für die Moderne von höchster Bedeutung und das nachhaltigste Argument gegen alle, die meinen, sie kennten sich in Glaubensfragen so gut aus.
Ich zitiere aus derselben Quelle:

> Dann frage ich mich, was Beten denn eigentlich ist, welche Formen des Gebets es gibt. Ich suche oft die Stille, meditiere, setze mich mit biblischen Texten auseinander, schreibe sie mit eigenen Worten neu. Ich pflege das Gespräch, kann gut zuhören. Ich denke an das Wort »Wo zwei oder drei in meinem Namen beisammen sind, bin ich mitten unter ihnen«, und denke, dass dies vielleicht auch Formen des Gebets sind.

Klar muss sein: Ich behandle diese vier Fragefelder aus innerchristlicher Perspektive, doch gehe ich davon aus, dass diese Überlegungen auch vom Standpunkt anderer Religionen und einer säkularen Sinnsuche aus nachvollziehbar sind. Deshalb lässt sich eine letzte Frage anschließen:
5. Was folgt daraus für eine rational verantwortete *religiöse Praxis,* die uns aus den gegenwärtigen Engpässen herausführen könnte? Beleuchten diese Fragen die zentralen Werte, die auch in einem religionsfreien, wenn nicht gar religionskritischen Kontext zuhause und für unser Überleben notwendig sind? Im Gegensatz zu Nostalgie, Positivismus, Verdinglichung und Gehorsam nenne ich sie Gegenwart, Vernünftigkeit, Würde und menschliche Freiheit. Auch in einer religionsfernen Gesellschaft können wir uns auf diese Zentralbegriffe einigen. Aber bringen sie auch spezifisch religiöse, gar christliche Werte zum Ausdruck? Genau in dieser Konfrontation liegt das aktuelle intellektuelle Problem der christlichen Kirchen. Die Säkularisierung, so meine These, bedeutet für Christen zwar eine Herausforderung, aber kein Problem. Nur sollten wir unsere Kernfragen nicht mehr exklusiv, sondern inklusiv, nicht mehr im Blick auf eine triumphierende Kirche, sondern vom *Reich Gottes* her stellen, das immer noch Wehen leidet (Röm 8,20).

Wir leiden am Problem der Säkularisierung nur deshalb, weil wir deren religiöse, vielleicht spezifisch christliche Tendenz überhaupt noch nicht verstanden haben. Wir haben noch nicht begriffen, dass das Heil – auch im Sinne der christlichen Tradition – auf die Verwirklichung säkularer Werte angewiesen ist: der Menschenrechte, der Ehrfurcht vor dem Leben und der Natur, der Gerechtigkeit, Wahrhaftigkeit, der Würde der Frau, wie eine weltethische Reflexion verdeutlichen kann. Selbst der Glaube und die selbstlose

Glaubenshaltung, die das Christentum seit Paulus so massiv ins Zentrum stellte, rückt bei dieser Betrachtung ins zweite Glied. Denn nicht meiner weißen Weste, auch nicht meiner Ergebenheit gegenüber dem Göttlichen, sondern einer zukunftsfähigen, in sich *versöhnten Menschheit* sollte meine Leidenschaft gelten.

Deshalb bin ich der Überzeugung: Die meist Säkularisierten unter uns treiben die Erneuerung von Kirchen und Religionen am entschiedensten voran. Denn sie unterscheiden nicht mehr zwischen einer religiösen und einer »weltlichen« Welt, einer Heils- und einer Alltagswirklichkeit. Heil und Welt sollen zur gegenseitigen Deckung kommen. Es geht heute, innertheologisch formuliert, nicht mehr um eine Kirchenpflege, sondern um den Einsatz für Gottes Reich.

4. Auswege

Doch helfen Klagen nicht weiter. Angesichts der weltpolitischen Bedeutung fundamentalistischer Bewegungen (darüber wurde differenziert gesprochen) ist eine sofortige Kursänderung angesagt. Wenn die vorgelegten Analysen stimmen, haben die Kirchenleitungen ihre Autorität in einer Angelegenheit von höchster weltpolitischer Relevanz vernachlässigt, wenn nicht gar verspielt. Es ist eine Autorität, die schon aus innerkirchlichen Gründen auf schwachen Füßen steht und *keinen legitimen Amtsanspruch* erheben kann, weil den »normalen« Gläubigen die Mitwirkung bei Amtswahl und Amtsentscheidungen verweigert bleibt. Das bedeutet Notstand. Es ist an den reformorientierten Kräften, inmitten der Gemeinden und mit ihnen die versäumten Aufgaben zu übernehmen. Wir haben die Glaubwürdigkeitslücke zu schließen und Solidarität mit der Gesellschaft einzuüben, bis sich die Verhältnisse wieder auf eine verantwortbare Situation hin regulieren.

Immerhin haben die vergangenen fünfzig Jahre gezeigt, dass die »Oberkirche« nicht unersetzlich ist. Theologische, geistliche und Führungskompetenzen sind auch im Untergeschoss vorhanden. Aber unverzichtbar sind die jesuanische Botschaft und deren religiöse Rezeption. Von der kirchlichen, ökumenisch und interreligiös geöffneten Gemeinschaft ist deshalb ein neuer prophetischer Dienst zu leisten, der sich in neuer Bescheidenheit mit der Gesellschaft, ihren sozialen und politischen Problemen rational und demokratisch auseinandersetzt.

Dabei kommen uns, wie wir sahen, die Säkularisierungsprozesse zu Hilfe. Sie ermöglichen neue Diskurse und Kontakte zwischen Kirchen und Gesellschaft. Säkular sachbezogenes Denken kann auch für eine grundlegende Neujustierung der gemeindlichen, innerkirchlichen und gesellschaftsbezogenen Funktionen sorgen. Sie werden nach demokratischen Prinzipien organisiert sein, nach Regeln der Partizipation zu neuen Zielbestimmungen und Absprachen führen und sie können schrittweise die Glaubwürdigkeit einer neuen Religiosität erhöhen, die resistent ist gegen fundamentalistische Tendenzen, weil sie ihre Wahrheit nicht bei den Kirchenleitungen ermittelt, sondern nachdrücklich auf mögliche und tatsächliche Verlierer dieser Gesellschaft hört.

Bei einer Weltkirche kann das nicht ohne weltweite Auswirkungen bleiben. Bei aller Komplexität kirchlichen und gesellschaftlichen Handelns ist dafür zu sorgen, dass sich die *Nachfolge Jesu* als konkretes Kriterium und als wirksame Leitlinie kirchlicher Praxis durchsetzt. Von christlichem

Geist inspiriert kann sich auch die Vernunft der Kirche in den großen Sinnzusammenhang einordnen, von dem die ganze Menschheit und die ganze Welt beseelt sein kann. Alle wirklich christlichen Projekte müssen zu durch und durch humanen, für die Menschen hilfreichen und von den Menschen mitvollzogenen Projekten werden. Projekte mitmenschlicher Verantwortung müssen zugleich Projekte in solidarischer Präsenz sein. Angesichts des Gesagten schlage ich vor, den gebotenen Dienst an der Welt in drei Schritten zu planen und einzuüben.

Schritt 1: Bei unserem solidarischen Diskurs mit Verunsicherten, Enttäuschten und Fragenden sowie bei unserem Versuch, den Wortlosen eine Stimme zu geben, bringen wir keine vorgestanzten religiösen Formeln und Überzeugungen ins Spiel. Wir versuchen vielmehr, in einem elementaren Sinn *vernünftig* zu sein, also kommunikativ und mit Empathie zu handeln. Das bedeutet: Wir finden unsere Standpunkte in Rede und Gegenrede, in Argumentation und Kritik sowie im praktischen, von den Betroffenen mitentwickelten Experiment. Fragen, die den verfügbaren Raum dieser Welt überschreiten, lassen wir auf uns zukommen. Wir fürchten nicht, dass sie ausbleiben.

Die Fragen nach Sinn und Orientierung, nach den Hintergründen und dem »Geheimnis der Welt« lassen sich auch in säkularen Worten verhandeln und beantworten; davon gehen wir aus. Die ausdrückliche Frage nach Gott wird immer mitspielen und zugleich ungreifbar bleiben; sie wird in der Begegnung zwischen Menschen gegenwärtig sein. Wir gehen davon aus, dass die Kirchenleitungen in dieser Aufgabe ihre Geschwister nicht weiterhin misstrauisch kontrollieren, sondern ermutigend stärken (Lk 22,32).

Wir bedauern, dass die amtliche Religionssprache zu einer Sondersprache mit autoritären, nostalgischen und selbstimmunen Zügen degeneriert ist. Wer Kirche erneuern will, muss deshalb ein offenes, auch ein verletzliches Verhältnis zu Säkularisierung und Säkularität gewinnen; gesellschaftspolitische Fragen müssen in Fragen der Spiritualität übergehen können.

Unter diesen Voraussetzungen haben Interessierte ein Recht auf vernünftige und säkular *einsichtig formulierte Antworten.* Wer die Kirche erneuern will, muss deshalb zunächst ein unverkrampftes Verhältnis zur säkular gewordenen Welt gewinnen. Allerdings schließt sie neben einer rational beschreibenden Sprachform auch die Sprachformen ein, die heute in Kunst und Kultur, in Literatur und in religiöser Imagination zu Hause sind. Diese Erweiterung kann dem Widerstand gegen religiösen Fundamentalismus nur nützen.

Schritt 2: Wir müssen zugleich mit offensivem *Widerstand* agieren, wenn Gespräche und Auseinandersetzungen in die Kräftefelder von Macht und institutioneller, gar intransparenter Einflussnahme geraten. Die Zeit ist gekommen, in der falsche Autoritätsansprüche zu entlarven und zu übergehen sind, auch wenn sie sich kirchlich nennen. Dazu nötigt die weltpolitische Situation, die immer mehr von undurchsichtigen Netzwerken der Macht, der Gesprächsverweigerung und brutalen Vorteilsnahme geprägt ist. Wie dargelegt, fügen sich fundamentalistische Grundhaltungen nahtlos in diese Mentalität ein. Dies gilt für einen Fundamentalismus, der seinen Machtwillen in brutaler Gewalt ausagiert, aber auch für den, der mit seinen verborgenen Anteilen von Aggression und Gewalt nicht offen und selbstkritisch umgeht, sondern sich hinter religiösen Zeichen und Legitimationen versteckt.

Er ist es nämlich, der eine autoritäre und zur Not gewalttätige Religiosität nachhaltig legitimiert. Wer im Namen einer Religion Gewalt ausübt oder den Bedürftigen seine Solidarität versagt, muss riskieren, dass ihn andere Religionen oder religiöse Menschen weltöffentlich zur Rede stellen.

Im Übrigen ist Gott mehr zu gehorchen als den Menschen (Apg 5,29). Im Interesse der Wahrheit und im Interesse unserer Solidarität mit Welt und Gesellschaft sind deshalb falsche Lehr- und Leitungsansprüche der Kirchenleitungen zu entlarven und dementsprechend zu korrigieren. Ökumenische Gemeinsamkeit ist nicht mehr Ziel, sondern selbstverständlicher Ausgangspunkt christlicher Arbeit.

Aus diesen Gründen haben die Angehörigen der römisch-katholischen Kirche das Recht, von den Bischöfen *Rechenschaft zu verlangen,* wenn diese den Grundanforderungen eines zeitgemäßen Glaubens nicht Genüge leisten oder ihre eigene Kirche aus überholten Gründen über ihre Schwesterkirchen stellen.

Schritt 3: Die Leidenschaft für eine säkular gereinigte Vernunft steht nicht im Widerspruch zu den Grundimpulsen der *biblischen Botschaft.* Denn ihr Ziel ist es, eine gute Nachricht zu bringen, den Gefangenen ihre Entlassung zu garantieren, den Blinden das Augenlicht zurückzugeben, die Zerschlagenen in Freiheit zu setzen, eine Ära des Heils auszurufen (vgl. Lk 4,18f.). Die Leidenschaft für dieses Programm hält also eine christlich-religiöse Sprache oder biblische Argumentationen nicht für überholt. Im Gegenteil, erst im Mühen um eine elementare, vorurteilsfreie und wirklich gesprächsfähige, also um eine säkular verantwortete Vernunft können Religionen eine zeitgemäße Rede entwickeln. Diese kommt nicht mehr als unverständliche Sondersprache oder irreale Traumwelt daher, sondern bringt in ihrer neuen, weil menschennahen Symbolkraft auch die Geheimnisse der Welt ins Wort. Sie hat Emotionen und *Visionen,* Hoffnungen und Ängste zum Partner.

Es lohnt sich also, den zu großen Teilen weltlichen Charakter einer zeitgemäßen Rede, ihre menschlichen Dimensionen und Leidenschaften neu zu entdecken. Die Bibel lebt aus der *Leidenschaft für Gerechtigkeit,* aus der Option für die Armen und aus einem Reich-Gottes-Verständnis, dessen Modernität sich kaum übertreffen lässt. Wer die Geschichte Jesu konkret erzählt und sich in dessen einfache Nachfolge stellt, steht mit beiden Beinen auf dem Boden dieser Welt: höchst vernünftig, weil sich das Vertrauen in sein Lebenskonzept als rational erweist. Es ist an der Zeit, diese weltliche Leidenschaft der Bibel ebenso zur Kenntnis zu nehmen wie die durch und durch weltliche Geschichte Jesu, der sich durchgängig um die Lebensfragen der Menschen kümmerte und nicht um die Stabilisierung einer religiösen Institution. Einen Fundamentalismus kann bei ihm niemand gelernt haben.

Zum Schluss

Die Beschäftigung mit der behandelten Thematik hat mir wichtige Entdeckungen gebracht. Die *erste* lautet: Mit dem Fundamentalismus ist *nicht zu spaßen.* Gewiss kann man zwischen gewalttätigen politischen und religiös theologischen Formen unterscheiden. Doch das verstellt den Blick auf die Tragweite von beiden. In der Regel gibt sich der politische Fundamentalismus religiös motiviert, der religiöse Fundamentalismus hingegen ist durch und durch politisch orientiert. So ergänzen diese Variationen einander und bilden eine Front, die sich gemeinsam gegen eine zukunftsfähige, in sich versöhnte Menschheit stellt. Der neue Papst muss diese globale Alternative verantwortlich zur Kenntnis nehmen. Alles andere wäre Verrat an einem biblisch inspirierten Petrusdienst.

Daraus ergibt sich meine *zweite* Entdeckung: Auch mit dem *römisch-katholischen* Fundamentalismus ist nicht zu spaßen. Zwar ist er kein Teil einer Weltverschwörung, aber er nährt sich von derselben, autoritär verhärteten Grundhaltung wie andere Fundamentalismen. Wo er kann, stellt er sich demokratischen Entwicklungen in den Weg; er widersteht, statt sie zu unterstützen. In seinen Einflussgebieten drücken römische Behörden mit ihren geheiligten Mitteln durch, was ihnen gut und nützlich zu sein scheint. Dazu gehören Diskriminierung und Rügen, Verurteilungen und Berufsverbote, Amtsenthebungen und Exkommunikationen. Man handelt, als wäre man der Nabel der Welt. Über die Erwartungen und Bedürfnisse von Einzelnen oder einzelnen Gruppen, gar über die Rechte der Frauen wird hinweggesehen. Dass Rom Jahrzehnte lang mit autoritären Diktatoren zusammengearbeitet und Befreiungstheologen vor deren Bedrohungen nicht geschützt hat, gehört zu den dunkelsten Seiten dieser Geschichte. Zur Verharmlosung dieser Wirklichkeit gibt es keinerlei Grund. Im globalen Gespräch mit Mitchristinnen und Mitchristen muss der neue Papst dafür sorgen, dass Kirchenleitungen und Kirchen vor Ort ihr Verhältnis zu Fundamentalismus und Antimodernismus gründlich und selbstkritisch klären. Alles andere wäre Verrat am globalen Friedensauftrag von Christentum und Kirchen.

Meine *dritte* Entdeckung betrifft die *Hartnäckigkeit* der gesamten Bewegung. Im Protestantismus fühlt sie sich im Aufwind und in Rom hat sie sich mit dem Unfehlbarkeitsdogma eine Basis geschaffen, die definitionsgemäß nicht revidierbar ist; der Papst ist unfehlbar oder er ist kein Papst. Zugleich schwimmt der politisch aktive Fundamentalismus, der sich auf den Islam beruft, auf einer Welle des Erfolgs. Er knüpft weltweite Netze, versetzt ganze Länder in Angst und Schrecken und entwickelt Phantasien der Weltherrschaft die – unter veränderten Vorzeichen – der imperialistischen Epoche nahe kommen. Dies schafft auch der römischen Mentalität Auftrieb, die sich einerseits als machtvolle Gegenkraft gegen die »Islamisierung« des Westens empfiehlt, andererseits an derselben modernitäts- und freiheitskritischen Front voranschreitet; auch für Rom wirkt im Westen der Keim des Verderbens. Das sind beängstigende Perspektiven, die man nicht ernst genug nehmen kann. Bislang profilierte sich Rom als ein ideologisches Zentrum von weltweitem und fragwürdigem Einfluss, damit hat es seinen christlichen Auftrag verraten.

Was tun? Viele haben die Hoffnung aufgegeben. Sie treten aus der römisch-katholischen Kirche aus und ihre Entscheidung ist plausibel. Die evangelische Kirche bietet weit mehr Möglichkeiten der Öffnung und in der Alt-katholischen Kirche finden viele exakt den Kirchentyp, den sie im römisch-katholischen Raum vermissen. Einige wenden sich gar dem Islam zu, da seine Stärke sie fasziniert. Warum sich also diesen Entscheidungen nicht anschließen, nachdem die Kirche der Unfehlbarkeit ihre Unfähigkeit zur Reform dogmatisch festgehämmert hat, ein Durchbruch also kaum zu erwarten ist? Austrittsbewegungen gibt es nicht nur in Europa, sondern auch in Lateinamerika, wo Pfingstkirchen – allerdings auch evangelikale Bewegungen – zu den großen »Gewinnerinnen« dieser Entwicklung gehören. Dass dies eine Abkehr vom Fundamentalismus bedeutet, lässt sich allerdings bezweifeln. Zwei Aspekte sind bei dieser Option zu bedenken.

Zum einen ist die römisch-katholische Kirchengemeinschaft mit dem offiziellen Kirchenregime nicht identisch, seit dem 2. Vatikanischen Konzil gilt dies mehr denn je. Es ist geradezu die Pflicht aller Kirchenmitglieder, die das Problem erkannt haben, der Kirchenleitung das Vertrauen zu entziehen. Sie sollten dabei mithelfen, dass in dieser Kirche eine *offene Gegenwirklichkeit* entsteht. Fundamentalismus lässt sich nicht durch Widerstand, sondern nur dadurch überwinden, dass er von innen her aufgelöst und innerhalb der Gemeinden überrundet wird. Dieses Programm ist der humanen und befreienden Kraft der christlichen Botschaft selbst geschuldet. Reformorientierte Gruppen sind dabei, solche Modelle zu entwickeln, ökumenisch wie innerkatholisch ist die Auseinandersetzung in vollem Gange.

Zum andern stärkt jedes Kirchenmitglied, das sich in die innere Emigration verschließt oder diese Kirche verlässt, den offiziell fundamentalistischen Amtsstil und damit eine Mentalität von weltweitem Einfluss. Die langfristigen Folgen einer solchen Entwicklung wären nur katastrophal und würden viele Länder in eine neue Intoleranz stürzen. Diese Tatsache motiviert schon heute viele dazu, dem Fundamentalismus vor Ort und auf anderen Ebenen ausdrücklich und kompromisslos Widerstand zu bieten. Sich im Widerspruch zu erschöpfen, hat jedoch keinen Sinn. Es geht darum, *konstruktiv* die gesprächsfähigen und solidarischen Gegenwelten zu stärken, die es schon gibt. In jedem Fall gilt es zu erkennen, dass in dieser Auseinandersetzung keine Kleinigkeiten besprochen werden, sondern ein hochpolitisches Spiel gespielt wird.

Deshalb ist über die Antwortstrategien gut nachzudenken. Sie dürfen sich nicht in bloßer Kritik und Verneinung erschöpfen, denn auf diese Weise würde ein Zirkel von stets neuer Bestätigung und Verhärtung beginnen, aus dem nichts Gutes kommen kann. Es gilt zu vermeiden, dass die Kritik ihrerseits die Züge des Fundamentalismus übernimmt. Dann nämlich bliebe nur noch die Frage übrig, wer schließlich Recht hat: ein Fundamentalismus in zweiter Potenz. Genau darum aber kann es nicht gehen. Eine konstruktive Überwindung geschieht nur durch eine humanere und offenere *Spiritualität,* die nicht einseitig belehrt, sondern auch hören kann und es lernt, andere Positionen, Leidenschaften und Lebensstile zu verstehen.

Bei meinen Entdeckungen bin ich schließlich auch zur Überzeugung gekommen, dass der Kampf zwischen dem Fundamentalismus und einer offenen Glaubenshaltung *nie zu Ende* sein wird, denn die Versuchung zum Fundamentalismus ist allen Religionen und all ihren Flügeln inhärent. Wer sich gegen ihn stellt, sollte dies nicht besserwissend, sondern hinterfragend tun und von Anfang an die intoleranten und verkrampften Anteile in sich selbst ergründen. Zumal bei jüngeren Menschen zeigt sich oft ein Fundamentalismus der Enttäuschung, der aus der Orientierungslosigkeit ihrer Eltern, Erzieher oder Gemeinden geboren ist, auch wenn diese sich reformwillig gaben. Auch darüber ist nicht zu spaßen, vielmehr ist daraus zu lernen. Denn auch unsere schönen Formeln vom ach so humanen, menschenfreundlichen und beziehungsfähigen Glauben bleiben ihr Versprechen oft schuldig. Gerade wer keinem verhärteten Anti-Fundamentalismus verfallen will, kann nur in einem letzten, vielleicht ungreifbaren Vertrauen Zuflucht finden, das auch die Fixierung auf die hier diskutierten Fragen vermeidet. Diese hat schon manche zur Verzweiflung geführt.

Deshalb muss sich unsere Fundamentalfrage nach Sinn und Zukunft des Lebens auch von dieser Bedrohung befreien, denn eine Lösung kommt nur aus einem vernünftigen und angstfreien Umgang mit der Wirklichkeit und einem zentralen Verstehensziel: Wie – in Gottes Namen – können wir zu einer Vernunft finden, die sich dem Glauben öffnet und dennoch menschenfreundlich, frei und gegenwartsbezogen reagiert?

»Ein neuer Papst wird nichts ändern«, titelt nach dem Rücktritt von Papst Benedikt eine angesehene deutsche Zeitung. Für diesen Realismus gibt es gute Gründe, denn sein Nachfolger aus den Reihen der Kardinäle wird die Schule des katholischen Fundamentalismus schon durchlaufen haben und es ist kaum zu erwarten, dass er die Panzer einer absolutistischen Rechtsordnung oder der Unfehlbarkeitsdoktrin einfach aufbricht. Es wäre überhaupt falsch, von einem neuen Papst die große Erneuerung zu erwarten, wo sein Amt doch selbst Teil des hier besprochenen Problems ist, ein Produkt genau des Fundamentalismus, den es aufzulösen gilt. Deshalb trügt auch der

Eindruck, als wäre Benedikt XVI. der große Übeltäter gewesen, der seine Kirche in die gegenwärtige Krise gestürzt hat. Gewiss, in Vielem hätte er anders handeln können und müssen, aber er war eben nur der Repräsentant eines Erbes, dem er verhaftet blieb und das zu den aktuellen Polarisierungen führte. Zwar hoffen wir auf einen Papst, der die Kirche in eine andere Zukunft führt. Wie aber sollte er dies tun? Er kann und soll nicht als der große Wunderbringer auftreten, denn sein größtes Problem liegt in der Überlastung dieses Amtes, und jede neue Frage bürdet ihm neue Lasten auf. Wer dagegen etwas unternehmen will, muss dieses Amt entschlacken: das Hofzeremoniell verbleibenden Königshäusern überlassen, den absolutistischen Zentralismus als untaugliche Gemeinschaftsform abbauen und nicht mehr alles Heil von der ältesten Institution Europas erwarten.

Gegenmodelle wären möglich. Peter Bürger hat seine Hoffnung so umschrieben: »Es wird nunmehr leichter, den Papst wie ehedem wieder als einen Bruder Bischof und als ›Ersten unter Gleichen‹ zu sehen. Die Kategorie der Machtausübung über andere Menschen ist vom biblischen Zeugnis für das Dienstamt in der Gemeinde Jesu ausgeschlossen. Das Amt ist für die Menschen da, nicht umgekehrt.« Diese Vision könnte als Gegengift wirken gegen alle destruktiven Tendenzen, von denen in diesem Buch die Rede ist, und die aktuelle Krise könnte eine innere Erneuerung beschleunigen. Dem neuen Papst müsste deutlich werden, worin die großen Gefahren lauern: nicht im vermeintlichen Glaubensverlust einer säkularisierten Kultur, nicht im Relativismus einer pluralisierten Gesellschaft, auch nicht im Pluralismus verschiedener Religionen und Weltanschauungen. Die Hauptgefahr der Gegenwart liegt im Fundamentalismus, der die gesamte Welt überschwemmt und der von einer jeden autoritären Amtsführung und Amtsstruktur bestärkt wird. Ein Papst, der dies erkannt hat, wird alles dafür tun, dass er sein Amt aus den Fängen seiner autoritären und antimodernistischen Mechanismen befreit, die Stimme des Volkes Gottes hört und mit ihm seine Verantwortungen teilt. Das 2. Vatikanische Konzil hat dafür Ansätze gegeben, die Rom nie begriffen hat, denn sie verändern das System. Um sie zu begreifen, bedarf es eines großen Mutes und eben des Vertrauens, von dem die Rede war.

Über dem Eingang des Gymnasiums, das ich als Schüler in Mittelbaden besuchte, steht noch immer in goldenen Lettern geschrieben: »Der Anfang der Weisheit ist die Furcht des Herrn.« Lange Zeit habe ich dieses Wort in dumpfer Ahnung als Anleitung zu einem latenten oder offenen Fundamentalismus verstanden. Heute schlage ich der Schulleitung vor, dieses altehrwürdige, aber höchst missverständliche Wort durch ein noch viel schöneres Schriftwort zu ersetzen: *»Fürchtet euch nicht.«* Wenn es nämlich gelänge, den Menschen und den Völkern die Angst voreinander zu nehmen, hätte der Fundamentalismus, religiös oder politisch motiviert, wohl seinen Nährboden verloren. Es liegt an den mächtigen Nationen der Welt, mit dieser politischen und mentalen Entgiftung zu beginnen. Erst dann lösen sich die tödlichen Zirkel auf.

Grundgelegte und weiterführende Literatur

Armstrong, Karen, Im Kampf für Gott. Fundamentalismus in Christentum, Judentum und Islam, München 2004 • *Becke, Andreas,* Fundamentalismus in Indien? Säkularismus und Kommunalismus am Beispiel von Ayodhya, in: Zeitschrift für Missionswissenschaft und Religionswissenschaft, 78 (1994), 3–24 • *Beinert, Wolfgang,* Christentum und Fundamentalismus, Nettetal 1992 • *Frölich, Margrit, Christina Schneider, Karsten Visarius* (Hgg.), Projektionen des Fundamentalismus. Reflexionen und Gegenbilder im Film, Marburg 2008 • *Holthaus, Stephan,* Fundamentalismus in Deutschland. Der Kampf um die Bibel im Protestantismus des 19. und 20. Jahrhunderts, Bonn [2]2003 • *Marty, Martin E., R. Scott Appleby* (Hgg.), Fundamentalisms observed, Chicago u.a. 1994 • – Fundamentalisms and the State. Remaking Polities, Militance and Economies, Chicago u.a. 1996 • *Morris, Henry M.,* Many Infallible Proofs, El Cajon 1974 • *Meyer, Thomas,* Fundamentalismus: Aufstand gegen die Moderne, Reinbek b. Hamburg 1989 • *Mynarek, Hubertus,* Denkverbot – Fundamentalismus in Christentum und Islam, München 1992 • *Pfürtner, Stephan H.,* Fundamentalismus – Die Flucht ins Radikale, Freiburg 1991 • *Riesebrodt, Martin,* Fundamentalismus als patriarchalische Protestbewegung: amerikanische Protestanten (1910–28) und iranische Schiiten (1961–79) im Vergleich, Tübingen 1990 • *Schäfer, Heinrich W.,* Kampf der Fundamentalismen, Frankfurt 2008 • *Schneeberger, Simon,* Fundamentalismus für Einsteiger, Aschaffenburg 2010 • *Sigg, Stephan,* Christlicher Fundamentalismus. Informationen – Abgründe – Arbeitsmaterialien, Mülheim 2008 • *Six, Clemens, Martin Riesebrodt, Siegfried Haas* (Hgg.), Religiöser Fundamentalismus. Vom Kolonialismus zur Globalisierung, Innsbruck u.a. 2004 • *Schirrmacher, Thomas,* Fundamentalismus. Wenn Religion zur Gewalt wird, Holzgerlingen 2010 • *Wippermann, Wolfgang,* Fundamentalismus. Radikale Strömungen in den Weltreligionen, Freiburg 2013

Dawkins, Richard, Der Gotteswahn, Berlin 2006 • *Geertz, Clifford,* Dichte Beschreibung. Beiträge zum Verstehen kultureller Systeme, Frankfurt 1987 • *Harris, Sam,* Brief an ein christliches Land, München 2006 • – Das Ende des Glaubens. Religion, Terror und das Licht der Vernunft, Winterthur 2007 • *Halbfas, Hubertus,* Glaubensverlust. Warum sich das Christentum neu erfinden muss, Ostfildern 2011 • *Häring, Hermann,* Im Namen des Herrn. Wohin der Papst die Kirche führt, Gütersloh 2009 • – Freiheit im Haus des Herrn. Vom Ende der klerikalen Weltkirche, Gütersloh 2011 • *Hasler, August Bernhard,* Wie der Papst unfehlbar wurde. Macht und Ohnmacht eines Dogmas, München 1979 • *Hünermann, Peter* (Hg.), Heinrich Denzinger. Enchiridion symbolorum definitionum et declarationum de rebus fidei et morum, Freiburg 1991 • *Hitchens, Christopher,* Der Herr ist kein Hirte. Wie die Religion die Welt vergiftet, München 2007 • *Joas, Hans,* Die Entstehung der Werte, Frankfurt 1997 • *Küng, Hans,* Ist die Kirche noch zu retten? München 2011 • – Unfehlbar? Eine unerledigte Nachfrage, München 1989 • *Nischke-Collande, Thomas,* Schafft sich die katholische Kirche ab? Analysen und Fakten eines Unternehmensberaters, München 2012 • *Oschwald, Hanspeter,* Auf der Flucht vor dem Kaplan. Wie uns die Kirche den Glauben austrieb, München 2011 • *Posener, Alan,* Benedikts Kreuzzug. Der Angriff des Vatikans auf die moderne Gesellschaft, Berlin 2009 • *Ratzinger, Joseph,* Ereignisse und Probleme der dritten Konzilsperiode (Konzil, Bd. 3), Köln 1965 • *Sloterdijk, Peter,* Vom Kampf der drei Monotheismen, Frankfurt 2007 • *Trimondi, Victor und Victoria,* Krieg der Religionen, München 2006